Christian Bermes

Meinungskrise und Meinungsbildung

Eine Philosophie der Doxa

Meiner

Gefördert von der Volkswagen-Stiftung unter dem Projekttitel
Was können uns Meinungen heute (noch) bedeuten?
im Rahmen der *Förderinitiative Neue Optionen für die
Geistes- und Kulturwissenschaften.*

Bibliographische Information der Deutschen Nationalbibliothek

Die Deutsche Nationalbibliothek verzeichnet diese Publikation in der
Deutschen Nationalbibliographie; detaillierte bibliographische
Daten sind im Internet über ‹http://portal.dnb.de› abrufbar.
ISBN 978-3-7873-4090-3
ISBN eBook 978-3-7873-4091-0

2. Auflage 2022

INHALT

VORWORT ZUR ZWEITEN AUFLAGE

Unter den Bedingungen kollektiver Meinungsempörung fällt es schwer, noch einer Meinung zu sein. Auf der eigenen Meinung will man bestehen, die Meinungen der anderen soll man nur noch ertragen. Für eine solche Gegenwartsdiagnose spricht auf den ersten Blick einiges. Denn mit einem geschickten Meinungsmarketing lässt sich Popularität erzielen, Reichweite erhöhen und Prestige sichern. Wie ein Kartenhaus kann all dies aber auch wieder schnell zusammenbrechen. Man steht dann recht alleine da mit seinen Meinungen, von denen man plötzlich auch gar nicht mehr so sicher ist, ob es je wirklich die eigenen waren.

Ob ein solches Szenario gänzlich neu ist, steht freilich auf einem anderen Blatt. Schon Gehlen sprach von ›dicken Meinungen‹, die sich allein dadurch aufblähen, dass sie, medial aufgemöbelt, mit einem Legitimationsschein versehen werden. Von Meinungsbildung in einem prägnanten Sinne wäre dann keine Rede mehr. Aufgeblähte Meinungsballons platzen auch leicht.

All dies hat Konsequenzen bis hin in das Feld der öffentlichen und politischen Selbstverständigung. Denn welcher Meinung kann man noch sicher sein, wenn auch die öffentliche Meinung in Meinungsgebilden eigener Art aufgeführt wird? Das modellierte Meinungssimulacrum der Meinungsforschung, das täglich in Umfragen erhoben und in aufbereiteten Grafiken präsentiert wird, ist allgegenwärtig. Und wie steht es um das Einhegen von Meinungen durch Framing, dem Einfangen von Meinungen durch Narrative oder der Errichtung von Meinungskorridoren durch eine sogenannte Cancel Culture?

Es ist also sicher nicht falsch, von einer Meinungskrise zu sprechen. Doch alles andere als klar ist, wie man eine solche Krise zu begreifen hat. Die Schuldigen scheinen recht schnell gefunden, werden doch gerne die enthemmenden sozialen Medien, eine das Allgemeine negierende Individualisierung, die galoppierende Beschleunigung des Informationsmarktes und einiges mehr dafür verantwortlich gemacht.

Der Essay schlägt einen anderen Weg ein, um das Krisenhafte der Meinungskrise in den Fokus zu rücken. Denn das Problem könnte noch gravierender sein. Wenn nämlich das Verständnis von dem, was Meinungen sein können, was man von ihnen erwarten darf, ja sogar muss, und welchen Umgang sie fordern, unklar geworden ist, dann zeigt sich die Meinungskrise in einer ganz neuen Gestalt. Nicht einfach die aufsässigen oder abtrünnigen Meinungen sind das Problem, sondern das Konzept der Meinung selbst ist fraglich geworden. Die Meinungsempörung geht mit einer Meinungsblindheit einher.

Der Essay ist in den letzten fünf Monaten auf große Resonanz gestoßen – bis hin zu der Aufnahme des Buches in die Shortlist des Tractatus Preises 2022, der vom Philosophicum Lech vergeben wird. Im Rahmen von Präsentationen, Workshops, Vorträgen und Interviews konnte ich den Gedankengang vorstellen und kritisch diskutieren. Dabei waren es die aktuellen Themen, an denen sich die Überlegungen entfalteten und zu beweisen hatten.

Das Verhältnis von Meinungsfreiheit und Meinungsbildung stand bei der Buchpräsentation im Lichthof der Staatsbibliothek Hamburg in der Podiumsdiskussion mit Agata Claus von der Deutschen Nationalstiftung und Jule Emmerich von der Funke Zentralredaktion im Vordergrund – nicht zuletzt auch hinsichtlich der Herausforderungen für Presse und Journalismus, wenn es um das Verhältnis von Fakten und Meinungen geht. Die Rahmenbedingungen für die politische Meinungsbildung in Parlamenten, Parteien und der weiteren Öffentlichkeit habe ich mit Norbert Lammert im Rahmen der Veranstaltung ›Die sprachlose Gesellschaft. Wie steht es um unsere Debattenkultur?‹ diskutiert. Das Verhältnis von wissenschaftlichem Wissen und politischer Meinungsbildung, ein Problem mit besonderer Sprengkraft, rückte im Rahmen einer Veranstaltung der Hermann Ehlers Akademie in Kiel in den Vordergrund.

Das Schlagwort der Cancel Culture stand in einer Podiumsdiskussion zusammen mit Wolfgang Ullrich in Berlin auf dem Kongress der Kulturpolitischen Gesellschaft auf der Agenda. Durch Abkühlung der zum Teil hitzigen Debatten suchten wir dem Thema eine diskutierbare Form zu geben. Die Einladung zur Residenz-Vorlesung im Toscanasaal in Würzburg, die im Sommersemester

2022 unter der Überschrift ›Philosophie des Alltags‹ stand, hat mir die Möglichkeit geboten, die Frage nach der Verfassung, Wirksamkeit und dem Recht der ›öffentlichen Meinung‹ zu thematisieren. Auf ganz anderer Bühne, im Schauspiel Hannover, habe ich nach der Vorstellung von Ibsens ›Der Volksfeind‹ mit Schauspielern und Publikum erörtern können, was an der öffentlichen Meinung das Öffentliche und das Meinungshafte eigentlich noch sein kann. In dem Theaterstück fällt schließlich auch der Satz »Ich bin Steuerzahler! Und deshalb bin ich auch berechtigt, eine Meinung zu haben!«. Ibsen hat den Satz bezeichnenderweise einem Betrunkenen in den Mund gelegt.

Als der Essay im Januar dieses Jahres in die Buchhandlungen kam, war nicht damit zu rechnen, dass schon nach wenigen Monaten eine zweite Auflage notwendig wird. Zumindest ich erwartete es nicht. Die philosophische Erörterung des Essays, die zahlreiche Vorurteile gegenüber dem Konzept der Meinung zuerst einklammert, um das Problem freizulegen, geht einen Umweg und kann ernüchtern. Im Falle von Illusionen ist dies allerdings keineswegs schädlich. Es ist wohl auch notwendig, um überhaupt einen zweiten Blick auf die Doxa, das Meinen und die Meinung, als eine Grundlagenkategorie menschlicher Weltorientierung zu gewinnen.

Landau, im Juli 2022

VORWORT

Die Diagnosen zur öffentlichen und politischen Debattenkultur liegen auf dem Tisch. Die Sprache wird als in Teilen vergiftet kritisiert, und es wird darauf hingewiesen, dass Unsägliches wieder salonfähig geworden ist. Die toxische Rhetorik populistischer Interventionen hat Durs Grünbein pointiert zum Thema gemacht. Mit deutlichen Worten wies Frank-Walter Steinmeier als Bundespräsident auf die Grenzen des Sagbaren im öffentlichen Raum hin. Während der Covid-19-Pandemie standen für einige wenige Wochen im Frühjahr 2020 in der öffentlichen Auseinandersetzung andere Fragen im Vordergrund. Dann allerdings ist der Streit darum, wie wir mit Meinungen umgehen und welche Meinungen sich wie artikulieren, umso unerbittlicher ausgebrochen. Erinnert sei an all das, was unter dem Titel von *Verschwörungstheorien* kritisiert, relativiert oder auch verteidigt wurde. Man sieht die Meinungsfreiheit gefährdet – ob nun durch eine informelle, aber nicht weniger wirksame *Cancel Culture* oder durch formalisierte Reglementierungen des öffentlichen Raums.

Als Bundestagspräsident und anschließend als Vorsitzender der *Konrad-Adenauer-Stiftung* hat Norbert Lammert unablässig das Desiderat ins Bewusstsein gerufen, den Grundlagen und Bedingungen der öffentlichen und politischen Debattenkultur mehr Aufmerksamkeit zu schenken. Als ich 2019 von der *Konrad-Adenauer-Stiftung* gebeten wurde, die Frage nach der Debattenkultur einer systematischen Revision zu unterziehen und einen kritischen Blick auf einige grundsätzliche Probleme zu werfen, wurde mir klar, dass viele der aktuellen Auseinandersetzungen Gefahr laufen, das Kind mit dem Bade auszuschütten. In einer dazu verfassten größeren Studie (Bermes 2019a) und weiteren Beiträgen in der *Politischen Meinung* sowie in Gesprächen mit Kollegen, Journalisten und Politikern verdichtete sich die Überzeugung, dass unser Verständnis, was es mit Meinungen auf sich hat und wie wir mit Meinungen umgehen, brüchig geworden ist.

Natürlich ist es wichtig, *Fake News*, *Hate Speech* oder auch das sich Einrichten in den *Filterblasen* eines neuen digitalen Biedermeiers zu monieren. Doch die Kritik scheint sich daran festzubeißen, dass man es in solchen Fällen verfehlter Kommunikation *nur* mit Meinungen zu tun habe. Wenn man nur genug Wissen akkumuliert habe bzw. das richtige Wissen besitze, dann hätten sich die Meinungen und die Meinungsverwirrungen erledigt. Von Meinungen halte man sich also am besten fern, denn die diagnostizierten Pathologien ließen sich therapieren, wenn die bloßen Meinungen aus der Welt geschafft würden.

Diese Beschreibung mag als allzu pointiert erscheinen, aber ganz falsch kann sie nicht sein. Denn niemand machte sich an das Projekt der Aufklärung, was es in einem grundlegenden Sinne mit Meinungen auf sich habe. Dies verwundert, denn sowohl bei Platon als auch Aristoteles – und erst recht bei Husserl, Wittgenstein, Heidegger, Arendt u. a. – wird dem Meinen und der Meinung, also der Doxa, in einem ganz außergewöhnlichen und prinzipiellen Sinne, der weit über die Erkenntnistheorie, Sprachphilosophie, Rhetorik oder auch die Kommunikationswissenschaften hinausreicht, Rechnung getragen, ohne das Meinen und die Meinung einfach über Bord zu werfen. Sicherlich hat die Meinung im aktuellen philosophischen common sense und in großen Teilen der Tradition einen schweren Stand. Doch ebenso klar ist, dass man Meinungen zwar gelegentlich den Rücken kehren kann, sie aber nicht einfach verschwinden.

Wozu sich aber mit der Frage nach der Meinung beschäftigen, wenn Meinungen doch nur ein Provisorium sein können? Richten wir unser Augenmerk doch lieber auf das Wissen und die Wissenschaften, halten wir uns doch nicht zu lange mit dem auf, was nur eine Notlösung sein kann und das wir schnellstmöglich hinter uns lassen sollten. Das mag ein wohlfeiler Imperativ sein, der jedoch nicht nur an der Wirklichkeit der menschlichen Weltorientierung scheitert, sondern auch an einer aufgeklärten Vernunft, die weiterhin die Voraussetzungen ihrer Reichweite und ihrer Ansprüche im Blick hat. Aber selbst wenn wir in Meinungen nur Provisorien sehen würden, würden wir ihnen als Notbehelfen auch eine Funktion zuschreiben. Schließlich ist bereits die erste Stufe einer Leiter von Nutzen, nicht erst die letzte. Und meistens ist die erste Stufe die wichtigste, denn findet man hier keinen Halt, wird gar nichts gelingen. Wir leben vielleicht in einer Zeit, die an dieser ersten Stufe fortwährend abrutscht – aus welchen Gründen auch immer. Wir meinen, vieles zu wissen, aber wissen nicht mehr so genau, was wir mit den Meinungen anfangen sollen. Und daher kann es sich lohnen, die Frage nach der Meinung wieder zu einem eigenen Thema zu machen und sie so zu stellen, dass sie nicht direkt einrastet in die klassischen Antwortregister der verschiedenen Disziplinen.

»Die gemeinsten Meinungen und was jedermann für ausgemacht hält, verdienen oft am meisten untersucht zu werden.« (Lichtenberg 1994, 84) Dieser fast spitzbübischen Empfehlung Lichtenbergs wird nur zum Teil gefolgt werden können. Nicht die ›gemeinsten Meinungen‹, obwohl auch dies verlockend wäre, werden das Thema dieses Essays sein, wenngleich auch von der *Cancel Culture* die Rede sein wird. Im Fokus wird das stehen, ›was jedermann für ausgemacht‹ hält, aber alles andere als klar ist: unser Verständnis von Meinungen *als Meinungen*. Ob dies in unseren Zeiten ›am meisten untersucht‹ wird, kann bezweifelt werden. Wir haben sicherlich keinen Mangel, auf Meinungen zu treffen. Auch vermuten wir vielleicht an allen Ecken und Enden der analogen und digitalen Welt Meinungen. Und sicherlich leben wir unter den Bedingungen medialer Kommunikation in Verhältnissen, in denen wie keinen anderen Meinungen registriert werden, ob nun in den sogenannten sozialen Medien oder durch die Demoskopie. Mit Vehemenz stellt sich die Frage, was Meinungen, wenn sie nicht einfach nur geistige Launen sind oder ausschließlich dem Wissen gegenübergestellt werden, eigentlich als Meinungen bedeuten. Denn es wird keine Devise unseres Handelns und Erkennens sein können, es einfach mit den Meinungen bleiben zu lassen. Auch sich an dem Problem der Meinung einfach vorbei zu mogeln, wird kein erfolgreiches Rezept sein.

*

Einige Aspekte der Überlegungen habe ich in verschiedenen Vorträgen und auf Workshops in Jena, Seoul, Hangzhou und Neapel in den letzten beiden Jahren zur Diskussion gestellt. Für wichtige Hinweise und wertvolle Anregungen, die ich gerne aufgegriffen und verfolgt habe, bin ich meinen Freunden und Kollegen in Deutschland, Südkorea, China und Italien zu besonderem Dank verpflichtet. Die Unterstützung von Marlin Mayer und Marius Heil, die mich fortwährend mit Literatur versorgten und den Text durchgesehen haben, hat die Fertigstellung des Essays wesentlich befördert. Elke Holweck und Philipp Bauer waren zusätzlich an der Endredaktion des Textes beteiligt. Ihnen allen gilt mein Dank für ihr Engagement und ihre Mitwirkung.

Möglich geworden ist die konzentrierte Arbeit an diesem Projekt durch die Förderung der *Volkswagenstiftung*, die die Projektidee in ihr Förderprogramm aufgenommen hat. Ziel der Förderlinie ist es, eine pointierte, für weitere Disziplinen und Zugänge offene, philosophische Untersuchung im Stil eines wissenschaftlichen Traktats zu dem Thema zu verfassen, die zu einer neuen Beschäftigung mit der Frage nach den Meinungen einlädt. Die Form eines konzentrierten und prononcierten wissenschaftlichen Essays, weniger die einer fachwissenschaftlichen Abhandlung, sollte dafür wegweisend sein. Der Umfang sollte dabei den eines längeren wissenschaftlichen Essays nicht übersteigen. Dies sind freilich Voraussetzungen, die gerade bei einem solchen Thema herausfordern, aber auch anspornen. Auf jeden Fall setzen sie den äußeren Rahmen für die folgenden Überlegungen.

Der *Volkswagenstiftung* will ich in einem besonderen Maße für die Unterstützung danken. Denn in Zeiten der unter den Schlagworten Professionalisierung und Digitalisierung eher ziellos geführten Formwandlung deutscher Universitäten sind es genau diese Fördereinrichtungen, die Wissenschaft möglich machen.

Landau, im Mai 2021

I

EINLEITUNG

1 Meinungen spielen in der öffentlichen Diskussion eine entscheidende Rolle – und doch ist unklar, was wir unter Meinungen verstehen. *Meinungsstärke* wird eingefordert, um sich im öffentlichen Raum oder im Berufsleben durchzusetzen und Verhandlungssicherheit zu dokumentieren. Wir fordern andere dazu auf, zu ihrer *Meinung* zu *stehen* und sich nicht zu verstecken. Sie sollen Position beziehen und sich nicht herausreden. Oder wir raten wie Nietzsche das genaue Gegenteil. »Entweder verstecke man seine Meinungen, oder man verstecke sich hinter seine Meinungen. Wer es anders macht, der kennt den Lauf der Welt nicht oder gehört zum Orden der heiligen Tollkühnheit.« (Nietzsche 1999, 517, § 338) *Bloße Meinungen* werden zurückgewiesen und gegenüber dem Wissen – welchem auch immer – als minderwertig angesehen. Mit dem Hinweis auf jeweils *private Meinungen* wird deutlich gemacht, dass es sich um Individuelles, Subjektives, vielleicht sogar Beliebiges handelt, dem weiter kein großes Gewicht beigelegt werden soll. Gleichzeitig setzt eine liberale demokratische Ordnung auf *Meinungsfreiheit* und schützt Institutionen, die für die gesellschaftliche *Meinungsbildung* als einschlägig angesehen werden, wie z. B. den Journalismus und politische Parteien.

Mit den digitalen Medien etablieren sich neue Kommunikationsplattformen. Institutionelle Hürden zur Teilnahme am diskursiven Austausch werden abgebaut und gleichzeitig entwickeln sich neue Typen medialer Interaktion. Doch ist jeder Kommentar bei Twitter eine Meinung? Zeigt sich in dem Folgen von ›Freunden‹ eine Meinungstendenz? Ist jedes ›Like‹ bei Instagram als eine Meinung zu verstehen? Ist das Posten eines längeren oder auch kürzeren Beitrags auf Facebook immer auch eine Meinungsäußerung? Sind Meinungen vielleicht sogar insgesamt nichts anderes als ›Fake News‹?

Öffentliche und politische Debatten sind auf Meinungen angewiesen – aber auf *alle* Meinungen? Gibt es hier, wie gelegentlich zu lesen ist, ein ›Zuviel‹ an Meinungen? Oder sind es die ›falschen‹ Meinungen, von denen man sich distanzieren möchte oder die man vielleicht sogar zu verdrängen sucht? Und wie steht es angesichts solcher Fragen um die Meinungs*äußerung?* Ist diese – wie und durch was auch immer – reglementiert? Und drücken sich alle Meinungen immer gleich sprachlich aus?

Meinungen werden erforscht. Die Demoskopie ist spätestens seit dem letzten Drittel des 20. Jahrhunderts ein wichtiger – oder wie einige herausstellen: ein zentraler – Bestandteil der politischen Entscheidungsfindung und Regierungskunst geworden. Meinungen werden erfragt, zusammengetragen und graphisch dargestellt. Doch um welche Meinungen handelt es sich, wenn die Befragten anonym bleiben und mit Fragen konfrontiert werden, die sie sich selbst kaum stellen würden? Es mag z. B. durchaus von Interesse sein, die Beliebtheit eines Politikers auf einer Skala abzubilden. Doch nach welchen Maßstäben bemisst sich diese Skala, und ist das entstandene Ranking das Resultat von Meinungen oder ein Steuerungsinstrument, um Meinungen zu lenken?

2 Fraglos stehen also Meinungen im Fokus der Öffentlichkeit. Aber ist es nicht doch einfach klar, dass Wissen besser ist als Meinen? »Ich darf«, so bemerkt Kant in der *Kritik der reinen Vernunft*, »mich niemals unterwinden, zu *meinen*, ohne wenigstens etwas zu *wissen*«. (Kant 1998 A 822/B 850) Denn ansonsten liefen wir Gefahr, den Bezug zur Wahrheit aufzugeben, die zwar selbst nicht »vollständig« gegeben sein muss, aber »doch mehr als willkürliche Erdichtung ist«. In der Mathematik, so Kant weiter, ist es »ungereimt« zu meinen; bezüglich der »Grundsätze der Sittlichkeit« kann es nicht »erlaubt« sein, sich auf »bloße Meinung« zu verlassen.

Genauer besehen stellen sich allerdings zwei Fragen, von denen man vermuten kann, dass sie aufeinander bezogen sind, die gleichwohl aber unterschieden werden müssen. Die erste Frage lautet: Was müssen wir wissen, *wenn* unsere Meinungen ein *Erkenntnisinteresse ausdrücken?* Die zweite Frage lautet: Was müssen wir wissen, *insofern* unsere Meinungen von *Belang sind?* Fraglos könnte nun eine Grundlagendiskussion einsetzen, in der man sich darüber verständigt, in welchem Verhältnis die Erkenntnistheorie zur Rhetorik steht und ob nicht die Erkenntnistheorie die Rhetorik obsolet macht oder umgekehrt. Schon in der Antike, bei Platon und Aristoteles, ist die Sachlage aber auch nicht so einfach, dass man sich hier einfach entscheiden könnte. (Erler 2019; Erler u. Tornau 2019; Rapp 2019) Die Verhältnisse sind komplexer, als es die impliziten oder expliziten Vorannahmen vermuten lassen.

Auch wenn man mit der zweiten Frage einsetzt, wird sich zeigen, dass es unplausibel ist, Meinungen als Meinungen in einem Paralleluniversum zu verorten. Selbst wenn Meinungen nur Meinungen sind, heißt dies nicht, dass wir mit ihnen eine Lizenz zum Unsinn und zur Unwahrheit in der Tasche hätten. Denn im Falle des Verständnisses von Meinungen spielt auch eine Rolle, wie ihre Verlässlichkeit eingeschätzt werden kann. Dass wir vom Meinen und der Meinung mehr erwarten müssen, als wir gelegentlich annehmen, markiert einen Leitfaden für die nachfolgenden Ausführungen. Meinungen mögen unsicher sein, doch sie sind nicht beliebig. Sie mögen fragil sein, doch sie sind nicht ohne Form. Und man wird sie auch als prekär bezeichnen können, aber das wird auch auf anderes zutreffen.

Meinungen können in diesem Sinne auch nicht grundsätzlich und generell als Bullshit verstanden werden. Harry Frankfurt, dem wir den inspirierenden Essay zum *Bullshit* (Frankfurt 2019) verdanken, behauptet dies auch nicht. Bullshit verweigert sich der Wahrheitsfähigkeit. Bullshit bewegt sich in einem Raum, der zwar nicht jenseits von Gut und Böse, jedoch von wahr und falsch angesiedelt ist. Bullshit negiert noch nicht einmal die Wahrheit, ihm fehlt jeder Bezug zur Wahrheitsmöglichkeit. Eine Lüge kann immerhin noch als falsch entlarvt werden, am Bullshit jedoch finden der Zweifel und die Kritik keinen Angriffspunkt. Von Meinungen werden wir nicht sagen können oder wollen, dass sie nicht offen für die Unterscheidung von Wahrheit und Falschheit sind – zumindest dann nicht, wenn wir noch einen Unterschied zwischen Meinungen auf der einen und Launen auf der anderen Seite machen wollen, und auch dann nicht, wenn wir an der Verlässlichkeit des Meinens und der Meinungen ein Interesse haben.

Die tieferen Ursachen für den Bullshit unserer Tage erkennt Frankfurt einerseits in einer geistigen Pathologie des zeitgenössischen Bewusstseins, das sich weigert, der Realität noch eine objektive Bedeutung abringen zu können oder zu wollen. Wir betreiben gleichsam eine einseitige Diät, indem wir der Erkenntnis der Wirklichkeit nicht mehr trauen, uns nur noch mit uns selbst beschäftigen und erstaunlicherweise vermuten, in der selbstgewählten Isolation und Abschottung von der Wirklichkeit würde man etwas Sichereres finden als in dem Verstehen der Welt, mit der wir konfrontiert sind und in der wir leben. Dieser Beschreibung zum Zustand einiger intellektueller Verführungen und Abwege wird man einiges abgewinnen müssen.

Andererseits weist Frankfurt darauf hin, dass wir in einer Zeit leben, in der wir geradezu dazu genötigt werden, uns zu Themen zu äußern, die unser Wissen übersteigen, und dass es ein bedenkliches Symptom aktueller Demokratien sei, »Meinungen zu allen erdenklichen Themen zu entwickeln oder zumindest zu all jenen Fragen, die für die öffentlichen Angelegenheiten von Bedeutung sind«. (Frankfurt 2019, 46)

Doch ist ein derartiger *Meinungsdruck*, unter den die Bürger einer Demokratie – übrigens nicht erst seit heute – gesetzt werden, wirklich das Problem? Es handelt sich vielleicht um etwas anderes, dass wir nämlich nicht mehr so recht wissen, was wir mit *Meinungsbildung* noch anderes anfangen können, außer sich mit moralisch reinem Gewissen immer auf der richtigen Seite zu positionieren – und damit letztlich aus der Verantwortung zu stehlen. Nicht der Meinungsdruck der Demokratie ist das eigentliche Problem, sondern ihm auf der falschen Spur auszuweichen. Vielleicht kann eine Besinnung darauf, was Meinungen uns noch bedeuten können, auch hier einen anderen Weg zur Klärung der Problemlage eröffnen.

Ähnlich verhält es sich mit dem Beklagen des Verlusts der Meinungsfreiheit. Zu keiner Zeit war es leichter, den eigenen Meinungen und denen der anderen Öffentlichkeit zu verschaffen. Dies mögen einige wiederum bedauern, ein Verlust von Meinungsfreiheit im Sinne der Möglichkeit, Publizität zu erlangen, ist jedoch nirgends zu erkennen. Die Bühnen, auf denen Äußerungen möglich und anderen zugänglich werden, haben zugenommen, verringert haben sie sich auf keinen Fall. Etwas anderes, nicht weniger Wichtiges, wiegt schwerer. Nicht die Meinungsfreiheit ist fraglich geworden, sondern dasjenige, was wir unter Meinungs*bildung* verstehen wollen. Die fortwährenden Korrekturversuche der Meinungen anderer bei gleichzeitiger Immunisierung der eigenen Meinungen stellen in erster Linie ein intellektuelles Problem der Meinungsbildung dar, weniger ein Problem der Meinungsfreiheit.

Dies sind nur einige Aspekte, die die Überlegungen des Essays motivieren. Sie kulminieren in der Frage: *Was können uns Meinungen heute (noch) bedeuten?* Und die Antwort wird sein, dass sie uns mehr bedeuten müssen, zumindest dann, wenn wir uns selbst noch ernst nehmen wollen. Es wird schon viel gewonnen sein, wenn die Komplexität des Konzepts der Meinung in den Blick gerät und sich nicht einfach der Meinungen entledigt wird, sondern Meinungen *als Meinungen* wieder verständlich, zumindest aber zum Problem werden. Denn an der grundsätzlichen Bedeutung der Doxa wird man nicht zweifeln können. Menschen führen ihr Leben nicht schlicht in einem Jenseits der Doxa, sie beziehen sich in und mit Meinungen auf sich und andere und sie gewinnen durch Meinungen ein komplexes Bild von der Welt, in der sie leben. Man mag sich eine Welt vorstellen können, in der Menschen nur essen, schlafen und wissen, aber keine Meinungen haben – doch wird man in einer solchen Welt der Routinen leben wollen?

3 Natürlich ist es auch nicht ganz einfach, sich mit dem Meinen und den Meinungen zu beschäftigen, da sie in unserem Handeln und Erkennen, Wissen und Tun in den verschiedensten Situationen gleichsam als praktischer und kommunikativer Ersatzspieler auftauchen. Man will *nur* etwas meinen, *wenigstens* seine Meinung sagen, *immerhin* seine Meinung zum Ausdruck bringen und dabei anderen *allenfalls* eine Meinung einräumen. Doch Ersatzspieler spielen nicht nur mit, sie können dem Spiel auch eine neue Wendung geben, und nicht zuletzt deshalb sind sie von Bedeutung.

Die folgenden Überlegungen sind systematischer Natur. Wenn auch gelegentlich pointiert formuliert wird, so handelt es sich doch nicht um eine Streitschrift, sondern um einen philosophischen Essay. Das historisch überreiche und komplexe Feld offeriert eine Vielfalt von Optionen, wie Meinungen verstanden werden können. Es muss jedoch im Hintergrund bleiben, wenngleich natürlich

Schlaglichter immer wieder auf historische Positionen geworfen werden und auch in den Untersuchungen deutlich wird, dass sich Bezüge schnell herstellen lassen. Eine umfassende Geschichte der Doxa steht noch aus, sie ließe sich auch nicht als Essay verfassen.

Die folgenden Ausführungen präsentieren demgegenüber Elemente einer Philosophie der Doxa, die sich auch als eine *Theorie wohlfundierter Meinung* überschreiben ließe und zwischen Erkenntnistheorie, Philosophie des Geistes, Sprachphilosophie, Rhetorik und Sozialphilosophie angesiedelt ist. Sie zielen auf eine Neujustierung des Bezugssystems, aus dem heraus verständlich werden kann, was uns Meinungen bedeuten.

Die ersten beiden Kapitel nähern sich dem Thema, indem in verschiedenen Hinsichten verdeutlicht wird, dass die Frage nach der Doxa belastet und zum Teil immer schon im Voraus entschieden ist. Ein Mythos, der sich um die Meinung gebildet hat, erschwert die systematische Frage nach der Doxa. Man scheint stets schon zu wissen, was Meinen und Meinung bedeuten. In diesen beiden Abschnitten werden – auch mit einem Seitenblick auf das philosophische Projekt einer Rehabilitierung der Doxa im 20. Jahrhundert – Wege und Zugänge eröffnet, die Frage nach der Doxa jenseits der vielfältig zu Recht diagnostizierten Meinungskrisen der Gegenwart in einem grundsätzlichen Sinne offen zu halten. Die anschließenden Kapitel sind konstruktiver Art. Die Phänomenologie der Meinung beschreibt detailliert die Grundlagen der Doxa, die in den Überlegungen zu Anthropologie und Meinungsbildung weiterentwickelt und für die Diskussion der öffentlichen Meinung unter dem Gesichtspunkt der ›exemplarischen Gültigkeit‹ genutzt werden.

Am Anfang steht die These, dass weniger die Meinungen – ob nun die richtigen oder die falschen, die vielen oder die wenigen, die schrillen oder die leisen – als das Konzept der Meinung in einem grundlegenden Sinne unklar geworden ist. Die Unverständlichkeit erscheint jedoch nicht einfach als ein technischer Defekt der Medien oder der kommunikativen bzw. gesellschaftlichen Verhältnisse, die man mit einem geschickten Federstrich, einem professionellen Zugriff oder einer institutionellen Neuordnung beseitigen könnte. Sie verweist vielmehr auf eine *Krisis der Doxa* (Kap. III), die sich in den Diskussionen um die Meinungen zeigt. Zwischen den Extremen eines identitätsstiftenden Bekenntnisverlangens und einer den Wissenschaften unterstellten Dogmatik bleibt kaum noch Raum für das Meinen und die Meinung.

Anhand einer Nebenbemerkung Wittgensteins zum Meinen als einem ›Gelegenheitsarbeiter‹ wird ein erster Vorschlag zu den Meinungen als *Freelancer* im Rahmen kultureller Orientierung formuliert, der für die nachfolgenden Gedankengänge keineswegs die Lösung, jedoch ein Fingerzeig ist. Doch die Vorurteile gegenüber Meinungen, wenn sie als bloße Meinungen etikettiert werden, sind recht robust. In den anschließenden Überlegungen (Kap. III) werden sie im Sinne eines *Mythos* dargestellt, um gleichzeitig Positionen des frühen 20. Jahrhunderts aufzugreifen, die es als Projekt einer *Rehabilitierung der Doxa* ermöglichen, einen solchen Mythos in einem anderen Licht zu sehen und zu kritisieren.

Die daran anschließende *Phänomenologie der Meinung* (Kap. IV) beschreibt, wie und in welchen Grenzen die Verschränkung von Meinen und Meinungen verständlich wird, wenn wir davon ausgehen, dass Meinungen für uns grundsätzlich von Belang sind und nicht einfach als Meinungen negiert werden können. Meinen und Meinungen, so die These, haben *exemplarischen Charakter*. Wenn wir danach fahnden, was Meinungen bedeuten, verstehen wir sie in einem ähnlichen Sinne, wie wir Exemplarisches begreifen. Der Abschnitt illustriert die Überlegung, dass sich unser Verständnis von Meinungen darin zeigt, wie wir *mit Exemplarischem als In-Szene-setzen unter den Bedingungen einer teilnehmenden Erprobung von Aspektivität umgehen*. Diese Charakteristik der Doxa lässt sich durchaus auch als eine Auslegung und Weiterentwicklung der Husserl'schen Überlegungen zur Intentionalität im Rahmen seiner Lebensweltanalysen verstehen. An dieser Stelle wirkt eine solche Charakterisierung freilich noch schlagwortartig, spröde und eher technisch. Die eigentliche Aufgabe besteht darin, wie sich dies konkret ausweisen lässt. Klar wird dabei auf jeden Fall, dass in einem derartigen Setting Meinungen nicht verständlich werden können, wenn nicht zugleich über *Angemessenheit* gesprochen wird.

Ein derart konturierter Begriff der Meinung führt dazu, die Idee einer Anthropologie, speziell einer philosophischen Anthropologie, als eine Anthropologie der Doxa neu zu diskutieren und von diesem Gesichtspunkt aus nach der Meinungsbildung zu fragen (Kap. V). Lebewesen nehmen Stellung in und zu der Welt, doch nur ein einziges Lebewesen nimmt Stellung auf eine spezifische Art – nämlich in und durch Meinungen als Stellungnahmen in der Form *entschiedener Unentschiedenheit*. Stellungnahmen in diesem anthropologischen Sinne machen bestimmte Umgangsformen notwendig, um Meinungen zu handhaben. Damit sind nicht verordnete Benimmregeln gemeint, sondern Umgangsformen, die das Meinen als ein In-Szene-setzen und eine Eröffnung von Aspektivität einfordert. Ohne solche Umgangsformen wird Meinungsbildung kaum möglich sein. Dazu wird man einiges zählen müssen, was gelegentlich unterhalb der Wahrnehmungsschwelle etablierter ethischer Reflexion und eingeübten moralischen Urteilens liegt, was aber ebenfalls vor Auswüchsen von Korrektheitsphantasien unterschiedlichster Art und verschiedenster Provenienz zu schützen vermag.

Die Frage nach der Öffentlichkeit, besonders der öffentlichen Meinung, steht am Schluss (Kap. VI). Zu häufig beginnt man mit der Problematisierung der Öffentlichkeit, um den Status und die Funktion von Meinungen zu verstehen. Es lohnt, wie auch Arendt es diskutiert hat, den Spieß umzudrehen und mit der Frage nach der Meinung zu beginnen, um Öffentlichkeit zu begreifen.

Das Vorgehen wird also einige Umwege einschlagen, doch dies liegt in der Natur der Doxa. Auf Abkürzungen wird man dem Meinen und den Meinungen kaum gerecht werden können (Kap. VII), wenn deutlich werden soll, dass ohne ein Verständnis der Doxa kein Projekt der Meinungsbildung gelingen kann.

II

MEINEN – EIN VIELBESCHÄFTIGTER ›GELEGENHEITSARBEITER‹

1 Wie würde eine Welt aussehen, in der es keine Meinungen gibt? Um eine solche Welt zu beschreiben, würden wir ohne Umschweife auf die Welt des Menschen bzw. die menschliche Lebensform zu sprechen kommen und uns vorstellen, ob diese Welt auch ohne Meinungen auskommen kann. Natürlich könnte man, nicht zuletzt angesichts von Annahmen zur Wirkung von ›Meinungskorridoren‹ und Macht von ›Meinungslenkung‹, auf die Idee kommen, eine Dystopie zu skizzieren, in der öffentliche – und vielleicht sogar private – Äußerungen reglementiert und ›falsche Meinungen‹ zensiert werden. Aber zuerst einmal sehen wir von dieser Versuchung ab, denn sie führt in eine Sackgasse. Ein solches Szenario beschreibt nämlich keine Welt ohne Meinungen, sondern eine Welt, in der es nur die ›richtigen Meinungen‹ gibt, wobei freilich immer noch zu fragen wäre, was hier ›richtig‹ bedeuten kann, wie diese Meinungen erworben oder vermittelt werden und was in einem solchen Szenario überhaupt unter ›Meinung‹ im Unterschied zu ›Wissen‹ verstanden werden kann.

Es ist aufschlussreicher, aber natürlich auch komplexer, auf einer einfacheren Stufe in die Beschreibung der imaginierten meinungslosen Welt einzusteigen. Auf den ersten Blick würde uns eine solche Welt durchaus vertraut vorkommen. Wir treffen auf Menschen, die ihre Tätigkeiten verrichten, die arbeiten gehen, Lebensmittel einkaufen, Urlaube planen, gelegentlich ihre Versicherungspolicen prüfen oder auch Geburtstagsfeiern ausrichten. Natürlich wird in einer solchen Welt auch viel gesprochen. Am Arbeitsplatz tauscht man sich über die Aufgaben aus, beim Lebensmitteleinkauf auf dem Markt wird man sich mit den Verkäufern unterhalten, im Falle der Versicherungspolicen erkundigt man sich bei dem Versicherungsvertreter, ob sich die Konditionen geändert haben, und im Falle der Geburtstagsfeier verständigt man sich über einen adäquaten Termin oder die passenden Geschenke.

Für Meinungen ist prima facie kein Platz in einer solchen Welt. Die Dinge werden geregelt, sicherlich auf unterschiedliche Art und Weise. Die Gespräche sind eingebunden in Praktiken. Die Verhaltens- und Handlungsweisen sind vertraut und bieten wenig Irritierendes. Vielleicht wird ein Beobachter des Geschehens davon sprechen wollen, dass Meinungen ausgetauscht, gewechselt oder gebildet werden, doch in den jeweiligen Situationen spielen Meinungen zuerst einmal keine Rolle. Die alltäglichen Praktiken scheinen schlicht zu funktionieren. Noch am ehesten taucht die Meinung als *Meinen* im Falle einfacher Nachfragen im Sinne von *Berichtigungen* auf. Der Versicherungsvertreter könnte beispielsweise bemerken, dass diese oder jene Versicherung überflüssig sei, woraufhin er mit der Nachfrage konfrontiert wird, *wie* er dies *meine* und *was* er damit *meine*. Er wird dann vielleicht darauf hinweisen, dass die Fälle, die durch die Police abgedeckt werden sollen, in einer anderen Versicherung, die bereits abgeschlossen wurde, enthalten seien. Solche Berichtigungen kennen wir, sie sind uns vertraut und sie scheinen wenig aufregend zu sein. Das meinende Nachfragen scheint hier – zumindest auf den ersten Blick – nur die Funktion zu haben, dass ein Sachverhalt aufgeklärt wird, dann aber das Meinen mit der Antwort seine Funktion verliert. Man könnte geneigt sein, dass ein solches nachfragendes Meinen in der fiktiven Welt ohne Meinungen durchaus seinen Platz behält, da es letztlich nur eine Aufklärung von Sachverhalten provoziert. Sind die Fakten geklärt, ist dieses Meinen an sein Ende gekommen.

Nun ist dies nur ein Gebrauch von ›Meinen‹ in dem fiktiven Arrangement. Der Fall zeigt aber, dass in der imaginierten meinungslosen Welt *die Wörter* ›Meinung‹ und ›Meinen‹ durchaus rege benutzt werden können, aber letztlich nur den Weg frei machen für anderes. In der fingierten Welt ohne Meinungen kann das Wort, der sprachliche Ausdruck ›Meinung‹, sogar besonders beliebt sein. ›Meinen‹ und ›Meinungen‹ als sprachliche Ausdrücke ähneln dann vielleicht Etiketten oder Spielbällen, die allerorten auftauchen, vielfältig benutzt werden und für recht Unterschiedliches stehen. Dies könnte dann zu folgender Erweiterung der imaginierten Welt führen: In den Zeitungen würden z. B. Kommentare als Meinungen überschrieben, in Nachrichtensendungen würde explizit auf eine

Meinungsäußerung eines Redakteurs hingewiesen, Leserbriefe würden von der Redaktion damit eingeleitet, dass es sich um Meinungen der Leser handle, und von den sogenannten Sozialen Medien könnte man vielleicht in der fiktiven Welt sagen, dass dort Meinungskämpfe ausgefochten werden. Auch lassen sich Gelegenheiten denken, in denen man sich über die letzte Theatervorstellung austauscht, Sportergebnisse und Spielertransfers erörtert oder nach Rat für einen Berufswechsel fragt und dabei die Meinungen von anderen einholt oder berücksichtigt.

Vielleicht wird man in dieser Welt, die immer noch eine fiktive ist, die politische Debatte und die mediale Berichterstattung darüber auch als Formen der ›Meinungsbildung‹ verstehen, so wie man sich in diesem Gedankenexperiment ebenfalls um ›Meinungsfreiheit‹ bemühen könnte. Denn die Foren des Austauschs und der strittigen Erörterung sollten unbeschränkt zur Verfügung stehen.

Aber es könnte sein, dass – obwohl überall von Meinungen in all diesen Kontexten die Rede ist – es sich immer noch um eine Welt ohne Meinungen handelt, da das Etikett zwar benutzt wird, es aber eigentlich für *Stimmungen, Emotionen, Präferenzen* oder *Befindlichkeiten* von *Einzelnen* auf der einen Seite oder aber um *gruppenspezifische Interessen* oder *kollektive Machtansprüche* auf der anderen Seite steht. Auf diese Weise wird mit dem Ausdruck Meinung eigentlich mehr verdeckt, als dass er selbst etwas sagt.

In einer solchen meinungslosen Welt mag man also durchaus in den verschiedensten Bereichen auf den Ausdruck Meinung treffen. Es könnte sogar sein, dass dieser allfällige Wortgebrauch besonders ins Auge fällt und eine Meinungsforschung entsteht, die Daten zu den vermeintlichen Meinungen erhebt. Doch letztlich ließe sich auch hier von einer Welt ohne Meinungen sprechen, denn diese Meinungsforschung hat in der imaginierten Welt vielleicht nichts anderes als Wünsche, Interessen, Einschätzungen oder Emotionen zum Gegenstand.

Erstaunlicherweise gleicht diese Welt ohne Meinungen, wenn wir sie von außen beschreiben, unserer Welt. Von Meinungen ist viel die Rede, doch eigentlich kann es nur darum gehen, sie durch Fakten zu ersetzen oder aber unter Meinungen Stimmungen bzw. Interessen zu verstehen. Wenn also jemand in dieser Welt doch noch auf Meinungen pochen würde, so würde man ihn darauf hinweisen, dass er entweder die Fakten zur Kenntnis nehmen solle oder aber seine Äußerung nichts anderes als eine Stimmung sei.

Und doch regt sich an dieser Stelle Widerstand, etwas scheint in und mit dieser meinungslosen Welt nicht zu stimmen. Denn eine Welt, die ohne einen prägnanten Begriff von Meinung auszukommen sucht, scheint keine *menschliche Welt* zu sein. Zur Beschreibung der menschlichen Welt werden sicherlich die Kenntnis von Fakten (die freilich zu klären sind), das Verfolgen von Interessen (mit welchen unterschiedlichen Zielen und Mitteln auch immer) sowie der Umgang mit (den verschiedensten) Stimmungen gehören. Zur menschlichen Welt gehört aber auch, dem Wissen, den Fakten, den Stimmungen und Interessen *einen Raum zu geben* und sich in diesem Raum zu positionieren und Stellung zu beziehen. Eine meinungslose Welt wäre in diesem Sinne eine Welt, in der man alle möglichen Bezüge und Abhängigkeiten entdecken kann, die jedoch ihren »Bewandtniszusammenhang« eingebüßt hat. (Heidegger 1986, 84 ff.) Wenn auch allerorten von Meinungen die Rede wäre, so bliebe in dieser Welt offen, welche Bewandtnis es mit der Meinung für die menschliche Selbstverständigung hat. Es bliebe unklar, was man überhaupt in einem prägnanten Sinne unter Meinen und Meinungen verstehen darf.

2 In *Sein und Zeit* entwickelt Heidegger die Idee der Bewandtnis aus dem praktischen Umgang mit dem ›Zeug‹, mit dem wir täglich beschäftigt sind. Mit den Gebrauchsgegenständen, die uns umgeben, mit denen wir hantieren und die wir einsetzen, hat es *eine Bewandtnis* – sie sind nichts Beliebiges und erst recht nicht Nichts. Mit dem Telefon hat es seine Bewandtnis, wie es auch mit dem Fahrrad seine Bewandtnis hat. Wir können dies klären, indem wir die Praktiken analysieren, den Gebrauch beschreiben und eine Übersicht über die Struktur der Bewandtniszusammenhänge erlangen. Es ist jedoch keineswegs zwingend, diese Beschreibung auf das ›Zeug‹, von dem Heidegger gerne und ausführlich spricht, zu reduzieren. Es ist darüber hinaus noch nicht einmal naheliegend, wenn durch die Bewandtnisganzheit, wie Heidegger es vor Augen schwebt, *Welt* erschlossen werden soll.

Die Welt des Menschen erschließt sich sicherlich über Bewandt-niszusammenhänge. Jedoch ist es nicht einfach das Zeug, es ist die Doxa als das Phänomen des Meinens und der Meinung, die einen solchen Weltzugang eröffnen. Hannah Arendt, von Heidegger in-spiriert (Grossmann 2008), hat dies deutlich zum Ausdruck ge-bracht:»In jeder dóxa zeigt sich Welt. Sie ist nicht einfach Meinung. Und Welt zeigt sich nur in dóxa.« (Arendt 2002, 399) Heidegger selbst hat diesem Gedanken Vorschub geleistet, wenn er ihn auf seinem späteren Denkweg auch nicht mehr in diesem Sinne wei-ter verfolgt, aber 1924 bemerkt: Doxa »erstreckt sich auf *die ganze Welt*« (Heidegger 2002, 150), und noch 1927 in *Sein und Zeit* in der Aristotelischen *Rhetorik,* die der Doxa einen besonderen Platz ein-räumt, nicht eine Technik, die schlicht auf Überzeugung zielt, son-dern die »erste systematische Hermeneutik der Alltäglichkeit des Miteinanderseins« erkennt. (Heidegger 1986, 138; Kopperschmidt 2009)

Solche Überlegungen reihen sich ein in das Projekt einer *Re-habilitierung der Meinung,* das nicht als ein explizit rhetorisches, rein kommunikationswissenschaftliches oder einfach linguisti-sches Vorhaben, sondern als ein philosophisches Grundlagen-programm von Husserl in der ersten Hälfte des 20. Jahrhunderts angestoßen, von Heidegger aufgegriffen und von Arendt weiter-entwickelt wurde, aber auch bei anderen, etwa in Wittgensteins Überlegungen, überaus präsent ist. Im Falle der Phänomenologie ist es der von Husserl initiierte Rückgang auf die Lebenswelt, der als Pathosformel das Vorhaben immer weiter vorantreibt. Der sys-tematisch herausfordernde Kern der Lebenswelt besteht jedoch in der Klärung des Konzepts der Meinung. Denn die Lebenswelt ist die Welt, die nicht einfach nur diesen oder jenen Meinungen Rech-nung trägt. Die Lebenswelt ist vielmehr diejenige Welt, in der die Doxa als nicht eliminierbare Infrastruktur menschlichen Lebens zur Geltung kommt.

Dieses Vorhaben gewinnt heute wieder eine besondere Relevanz und auch Brisanz angesichts der aufdringlich unklaren Lage, was wir unter den Bedingungen medialer Kommunikation, populisti-scher Tendenzen in Öffentlichkeit und Politik, identitätsverliebter Selbstdarstellung sowie angesichts einer fortschreitenden Instru-mentalisierung wissenschaftlichen Wissens und der steigenden

Unsicherheit, welche Bedeutung wissenschaftliches Wissen überhaupt besitzt, noch unter Meinungen verstehen wollen, dürfen oder können. Entweder fasst man Meinungen mit Samthandschuhen an, da sie anrüchig geworden sind, um sich vornehm von ihnen fern zu halten. Oder aber es sind die Boxhandschuhe, mit denen man sich den Meinungen im Ringkampf stellt, um Gefolgschaft zu erreichen.

Das Problem der Doxa als Frage danach, was in einem prägnanten Sinne in der unauflösbaren Struktur von Meinen und Meinung verstanden werden kann, verliert sich in dem kaum zu durchschauenden Dickicht, wie von Meinungen gesprochen wird und welche Erwartungen mit Meinungen verbunden werden. Das Angebot an Optionen ist vielfältig: ›Meinungsbildung‹, ›Öffentliche Meinung‹, ›Meinungsfreiheit‹, ›Meinungsforschung‹, ›Meinungskonflikte‹, ›Meinungskorridor‹, ›Meinungsverlust‹, ›Meinungsvielfalt‹ oder auch ›Meinungsdiktatur‹ und ›Meinungsroboter‹ (›social bots‹) sind nur einige wenige Beispiele für den unterschiedlichen Gebrauch des Konzepts der Meinung in der öffentlichen Debatte und in der Verständigung in den Kultur- und Sozialwissenschaften.

3 Doch nicht nur die Vielfalt, in welchen Kontexten von Meinungen gehandelt wird, auch die unterschiedliche Art der Identifikation und Qualifikation von Meinungen ist offenkundig. Dabei sticht ins Auge, dass die Bilder besonders prägnant werden, wenn mit Meinungen etwas nicht stimmt. Von Meinungen wird dann etwa gesagt, dass sie ›toxisch‹ sein können und auf diese Art die öffentliche und politische Debattenkultur infizieren – sei es nun durch populistische Tendenzen in und außerhalb der Politik, durch ›Verschwörungstheorien‹ oder durch ›Meinungskartelle‹. Es liegt in diesem Bild nahe, eine ›Entgiftung‹ zu fordern, wie auch immer diese aussehen kann.

Auch kann sich der Eindruck aufdrängen, dass es zu viele Meinungen gibt. Nicht sei, wie mancherorts vermutet wird, die Meinungsfreiheit gefährdet, es sei schlicht die Menge der Meinungen unüberschaubar gewachsen. »Wo es immer mehr Meinungen gibt, gibt es auch immer mehr Gegenmeinungen.« (Parnack 2019) Die Explosion der Meinungen führe dann notwendig zu einer Eruption von Stimmungen und zu einer deutlichen Verschiebung des Lautstärkepegels bis hin an die Schmerzgrenze. Die Schweigespirale werde dann durch eine »Schreispirale« abgelöst. Mit den Meinungen sei es schließlich »wie mit Kindern: Je mehr aufeinandertreffen, desto lauter muss der Einzelne sein, um aufzufallen. Und desto grober und schriller.« (Parnack 2019)

Man darf daran erinnern, dass solche Charakterisierungen angesichts der Entwicklung digitaler Kommunikationsmedien zwar modern klingen, aber keineswegs neu sind. Bereits Arnold Gehlen hat von einer »Meinungsüberflutung« gesprochen, die sich aus einer »Verflechtung von Information, Meinung und Unterhaltung« als »Erfahrungen zweiter Hand« ergebe. Hier, so Gehlen weiter, »arbeiten die Ereignisschemata, die Urteilsraster, die Meinungsformeln und die moralischen Reaktionen zusammen«, die letztlich sogar zu einer Bewusstseinsänderung führen könnten. Man denke und spreche »in Schlagworten, Überschriften, in Sprachpointierungen und Antithesen, mit gekonnter Beherrschung des ethischen Schnellschusses«. (Gehlen 2004, 208–210) Diese Ausführungen stammen aus dem Jahr 1974, Twitter wurde allerdings erst im Jahr 2006 gegründet.

Natürlich unterscheiden sich die Bilder. Es ist etwas anderes, von Meinungen als biologischen Infekten, als medialen Eruptionen oder als öffentlichen Dammbrüchen, die zu Überflutungen führen, zu sprechen. Doch bei allen Unterschieden in den Bildern zeigt sich eine Übereinstimmung. Mit Meinungen werden in solchen Beschreibungen hauptsächlich die Meinungen der anderen oder auch anonyme Meinungen zum Thema. Es sind die anderen Meinungen, die toxisch sind, und es sind ebenso die zahlreichen anderen namenlosen Meinungen, denen man ausgesetzt ist und denen gegenüber man sich – wenn nicht abwehrend, so doch schützend – verhalten müsse. Von den möglicherweise ebenfalls zu vielen eigenen Meinungen, die vielleicht ebenso unausgegoren und desolat sein könnten und die sich unter Umständen ebenso ungehindert vermehren, ist in solchen Fällen eher weniger die Rede.

Die Meinung der anderen sowie die anonymen, namenlosen Meinungen sind ein beliebter Spielball in der diskursiven Auseinandersetzung, besonders gerne auch in der Form der ›bloßen Meinung‹. Populismus, Klimawandel und Coronakrise stehen für sachlich sehr unterschiedliche öffentliche und wissenschaftliche Debatten, die sich aber auch immer um die ›bloße Meinung‹ der anderen drehen.

In der Auseinandersetzung um populistische Tendenzen in der politischen Verständigung zeigt sich die bloße Meinung in unterschiedlichen Gestalten. Vorgeworfen wird dem Populismus u. a., dass er Meinungen reproduziere oder verstärke. Die Verteidigung des Populismus liegt auf der Hand. Denn genau diese, die bloßen Meinungen, so wird umgekehrt behauptet, würden nicht zu ihrem Recht kommen und müssten wieder in der Öffentlichkeit einen Platz finden. Anders sieht die Situation im Falle des Klimawandels und der Coronakrise aus. Denn bloße Meinungen werden unter dem Deckmantel von Verschwörungstheorien gesucht, während demgegenüber die jeweilig dafür als zuständig erklärten Wissenschaften das Anliegen verfolgen, Meinungen zu relativieren und Verschwörungstheorien einzuhegen. Freilich werden die Wissenschaften wieder von der bloßen Meinung eingeholt, spätestens dann, wenn das wissenschaftliche Wissen in der medialen Öffentlichkeit und der politischen Arena auftritt. Dies trifft sowohl Youtuber, die in Videos hunderte von Wissenschaftlern aufrufen, deren Namen und Studien durch das Bild laufen lassen und gut gemeinte Wahrheit trivialisieren und inszenieren, aber auch Fachwissenschaftler, die in Talkshows in die Not geraten, ihre Studien in einem neuen Setting zu präsentieren und dann nicht mehr über die Ergebnisse ihrer Studien sprechen, sondern über ihre Einschätzungen, was zu tun sei.

Zur öffentlichen und politischen Debattenkultur ist freilich noch einiges mehr zu sagen (Bermes 2019a), zu ihren auszeichnenden Merkmalen gehört jedoch sicherlich, dass Meinungen als Widerfahrnisse betrachtet werden, die es einzuhegen gilt. Wenn Gehlen von ›Erfahrungen zweiter Hand‹ spricht, dann könnte man hier auch von ›Meinungen zweiter Hand‹ sprechen. Es sind die Meinungen der anderen oder die anonymen Meinungen, die in der »Second-hand-world« (Gehlen 2004, 209), die man auch als eine *Second-opinion-world* bezeichnen könnte, in den unterschiedlichen Formaten inszeniert werden.

4 Wenn von Meinungen zweiter Hand die Rede ist, liegt es natürlich nahe zu fragen, ob es nicht auch Meinungen erster Hand
geben könne. Hampe wählt in seinem inspirierenden Essay zur
Dritten Aufklärung ein anderes als die eben skizzierten Bilder. In
einer Zeit, »die einerseits durch Misstrauen und Orientierungslosigkeit geprägt ist, in der den meisten unklar bleibt, welche gemein-
schaftlichen und individuellen Lebensziele zu verfolgen sind, wer
die Wahrheit sagt und wer lügt und worauf die Geschichte der Kultur zusteuert«, werden »alle möglichen nutzlosen *Meinungen* wei-
tergegeben, die weder begründet, geschweige denn durch Beweise
als Wissen ausgewiesen« wurden. Einem solchen Übermaß kann
nur eine Meinungsdiät Abhilfe schaffen: »Es verhält sich für die
meisten von uns mit den Meinungen wie mit der Nahrung: Wir haben von beidem sehr viel mehr, als wir für unsere individuelle Existenz brauchen. Und die Tatsache dieses Meinungs- und Nahrungs-
Überschusses scheint beides, die Meinung und die Nahrung, zu
etwas Selbstverständlichem, leicht zu Habendem, nicht weiter zu
Achtendem zu entwerten.« (Hampe 2018, 32 ff.) Das Zuviel der Meinungen erscheint als die Variante einer diskursiven Entgleisung,
vielleicht als ein kommunikatives und mediales Laster. Diesem
wirkt Askese entgegen. »Eine Askese im Meinen ist deshalb ebenso
empfehlenswert wie eine gewisse Askese bei der Nahrungszufuhr«
(ebd., 38).

Die Beschreibung von Meinungen als Nahrungsmittel sieht zwar
in den Meinungen etwas Äußerliches, das man sich aber zuführen
muss. Damit verlagert sich jedoch auch die Perspektive gegenüber
Meinungen zweiter Hand. Denn Meinungen gehören in diesem
Bild essentiell zur Lebensführung des Menschen, und die Aufgabe
besteht darin, sie sich auf die richtige Art und Weise anzueignen.
Der Fokus einer solchen Betrachtung liegt nicht schlicht auf den
anderen Meinungen, vor denen man sich schützen müsse, sondern
auf der Anverwandlung und Verarbeitung der Meinungen zweiter
Hand zu Meinungen erster Hand – freilich auf dem richtigen Weg.

Auch Nietzsches Rede von »unseren Meinungen« als »Haut«
schiebt die Meinungen nicht in ein Äußeres, sondern macht das
Eigene der Meinungen zum Thema. Nietzsche verweist allerdings
auf eine Doppeldeutigkeit. Zum einen ist die »*Haut*, in der wir uns
sehen wollen«, ein Äußerliches, das »wie ein Schuppenpanzer um

die Gedanken eines Menschen gelegt« wird. Andererseits ist diese Haut »eine Art *Ablagerung*, fortwährend sich stückweise lösend und neubildend«. (Nietzsche 1988a, 282 f.) Solche und ähnliche Beschreibungen, wie sie von Hampe erörtert und von Nietzsche angedeutet werden, verweisen zu Recht auf eine Anthropologie der Meinungen, die auch im weiteren Verlauf der Untersuchungen eine besondere Rolle spielen wird (Kap. V).

Allerdings stellt sich in allen Hinsichten die Frage, ob die nominalisierende und metaphorische Rede von ›den Meinungen‹, die als ›Infektionen‹, ›Eruptionen‹, ›Nahrungsmittel‹ oder als ›Haut‹ in den Beschreibungen auftauchen, einem Verständnis der Meinung als Meinung gerecht werden kann. Die Bilder illustrieren unzweifelhaft Aspekte, die das Meinungskonzept betreffen, doch sie transportieren auch Vorannahmen. Und sie kommen nicht darauf zu sprechen, dass das Meinen als ein genuin menschliches Stellungnehmen gefasst werden kann und die Beschreibung der Meinung von ›außen‹ (die Meinung der anderen) oder die Beschreibung der Meinung von ›innen‹ (die subjektive oder eigene Meinung) reduzierte Verständnisformen gegenüber einem solchen, sich in der Doxa realisierenden In-der-Welt-Seins darstellen.

5 Vor diesem Hintergrund kann es sich anbieten, noch einmal einen Schritt zurückzutreten, um einen alternativen Zugang zum Verständnis des Konzepts der Meinung zu eröffnen. Denn darum wird es in den folgenden Überlegungen gehen. Nicht diese oder jene Meinung steht im Fokus, sondern wie *Meinung als Meinung* verstanden werden kann, welchen Begriff von Doxa wir uns bilden können, ohne die sich aufdrängenden Vorannahmen ungeprüft zu übernehmen.

Auf den ersten Blick könnte es sich vor dem Hintergrund der Geschichte der Philosophie anbieten, allein vom Wissen und von der Erkenntnis aus den Status und die Funktion des Konzepts der Meinung in der Theoretischen Philosophie – aber auch der Praktischen Philosophie – zu thematisieren, »damit Meinung in Wissen transformiert« (Habermas 1981, 48) werden kann. Dies würde der Vermutung Rechnung tragen, dass Meinungen im Vergleich zu Wissensansprüchen – in einem freilich zu klärenden Sinne – als defizitär gefasst werden. Wenn auch dieser Zugriff naheliegt und in der Philosophie einen prominenten Platz beansprucht, so ist er doch nicht selbsterklärend. Denn die Differenz von Wissen und Meinung, die tief in die Geschichte der Erkenntnistheorie eingeschrieben ist, wird dabei – häufig auch versehen mit allerlei zusätzlichen Vermutungen wertender Art – bereits vorausgesetzt. Schnell könnte sich die Einschätzung verfestigen, dass Meinungen eigentlich nur als etwas zu Überwindendes Bedeutung besitzen.

Ein anderer Zugang könnte sich an der Unterscheidung zwischen öffentlich und privat orientieren, um den Status von Meinungen als individuelle Ansichten zu erörtern, denen gesellschaftliche, mithin öffentliche Auffassungen gegenüberstehen. Auch hier, in dieser eher soziologischen Betrachtung, würde eine Setzung und Differenzierung am Anfang stehen und die Untersuchung leiten, ohne dass diese Vorannahme jedoch eigens ausgewiesen wäre. Oder aber man beginnt mit einer Unterscheidung zwischen Überreden und Überzeugen und sucht unter diesen Bedingungen nach der Funktion und dem Status der Doxa.

Solche und ähnliche Differenzierungen sind keineswegs verfehlt oder unsinnig, doch sie sind fragwürdig, wenn es darum geht, einen ersten unbelasteten Zugang zum Phänomen der Meinung zu eröffnen. Die Ansätze versprechen gleichsam zu viel, sie bauen bereits auf Annahmen auf, deren Evidenz sich erst noch zeigen muss. Um solche Vorentscheidungen zu vermeiden, sie zumindest in einem ersten Schritt einzuklammern, bietet sich eine Option an, die sich auf eine Bemerkung Wittgensteins im *Blauen Buch* beziehen kann. Er nähert sich der Meinung über das *Meinen* und illustriert dessen Funktion in einem prägnanten Bild. Das Meinen, so bemerkt er, übt eine bestimmte Funktion aus, es funktioniert im Spiel der sprachlichen Selbst- und Weltverständigung gleichsam als »Gelegenheitsarbeiter«: »Stell dir irgendeine Institution vor: die meisten Mitglieder haben bestimmte, regelmäßige Funktionen, – Funktionen, die etwa in den Statuten der Institutionen leicht beschrieben werden können. Andrerseits gibt es einige Mitglieder, die für Gelegenheitsarbeiten, die jedoch äußerst wichtig sein können, angestellt werden.« (Wittgenstein 2008a, 74) Die Doxa ist ein solcher Gelegenheitsarbeiter, vielleicht ist sie sogar die prominenteste Vertreterin unter den Gelegenheitsarbeitern im Selbst- und Weltverstehen.

6 Zwar kann das von Wittgenstein offerierte Bild sicherlich bei näherer Betrachtung verschwimmen und fragwürdig werden. Auch lässt sich Wittgenstein hier so verstehen, dass er nur eine spezifische und begrenzte Problematik im Auge hat, die sich in den Fällen des klärenden Nachfragens zeigt. Wird gefragt, was man beispielsweise genau damit meine, dass die Entscheidung, zur Wahl zu gehen, nicht in Frage gestellt werden könne, dann etabliert die Antwort darauf keine (neue) Bedeutung, sondern sie setzt darauf, dass die Antwort auf bekannte Bedeutungen rekurriert. Wer antwortet, dass seine Interessen vertreten werden sollen oder dass die Wahl eine Bürgerpflicht sei, setzt auf die Semantik von ›Interessen‹ und ›Bürgerpflicht‹, er setzt diese und die Kenntnis der entsprechenden Sprachspiele voraus. Das nachfragende Meinen wird erfüllt und die Antworten passen, wenn die Bedeutungen vorausgesetzt werden. In diesem Fall werden weder durch die Frage noch durch die Antwortoptionen Bedeutungen erzeugt.

Wittgenstein wendet sich bekanntlich mit solchen Überlegungen gegen die Vorstellung, dass im Sprechen Deutungen und Meinungen in einem geistigen Sinne produziert werden, *um sie dann* auf irgendeine Weise in die Sprache zu bringen oder die Wörter damit zu imprägnieren. Denn wir erliegen allzu schnell der Versuchung, »dass die Aktion der Sprache aus zwei Teilen besteht; einem inorganischen Teil, dem Handhaben von Zeichen, und einem organischen Teil, den wir als Verstehen, Meinen, Deuten und Denken dieser Zeichen bezeichnen können.« (Wittgenstein 2008a, 18 f.)

Das Bild des Gelegenheitsarbeiters lässt sich so verstehen, dass diese bekannten und viel diskutierten Wittgenstein'schen Überlegungen damit illustriert werden. Das Bild lässt sich allerdings auch noch in einem weiteren Sinne verstehen, was durch die skizzierte Szene selbst nahegelegt wird, nämlich durch die ›Institutionen‹ mit ihren ›Angestellten‹ und den ›Gelegenheitsarbeitern‹. Denn es sagt einerseits etwas über Wittgensteins Kritik an einem Meinen oder Deuten, das als bloß psychisches leerzulaufen droht, aber es ist zugleich ein Bild, das das Potential besitzt, nach den Rahmenbedingungen der Beschreibung der Doxa zu fragen. In diesem Sinne weist es über sich hinaus. Es kann als eine »Blickfelderweiterung auf Unbegrifflichkeit« (Konersmann 2010, 277) gelesen und verstanden werden – als Horizonterweiterung auf eine Unbegrifflichkeit jenseits der traditionellen Fassungen des Meinungskonzepts, die sich gleichwohl einer adäquaten Beschreibung nicht entziehen muss. Das Bild hat das Potential, den Bezugsrahmen zu verschieben, zu verändern oder neu zu justieren, in dem die Frage nach der Bewandtnis von Meinen und Meinungen gestellt wird.

Das Grüßen zu Arbeitsbeginn, die Nachfrage, ob auch vegane Gerichte im Restaurant angeboten werden, oder auch das Erlassen eines Gerichtsurteils können scheitern, sie sind aber dennoch sprachlich und praktisch wenig riskant. Sie sind eingebettet in Routinen, die wiederum durch eine *regelmäßige* und eine *regelgemäße* Praxis abgesichert sind. Nicht nur sprachliche Institutionen zeichnen sich durch diesen Doppelaspekt der Regel aus – in ihnen sichern sich Regelmäßiges und Regelgemäßes gegenseitig und gleichermaßen. *Meinen in einem prägnanten Sinne erscheint demgegenüber als ein sprachlicher Freelancer. Es ist nicht fest angestellt in einem Sprachspiel.* Und doch kann es als freier Mitarbeiter in unserer sprachlichen Verständigung und unserem Handeln, so der Hinweis Wittgensteins, wichtige Aufgaben übernehmen.

7 Der Zugang über das Meinen als Gelegenheitsarbeiter wirft – wenn man der Skizze Wittgensteins nur für einen Augenblick folgt und ihr ein paar Federstriche hinzufügt – darüber hinaus auf einen anderen Topos ein neues Licht, nämlich den Topos der ›bloßen Meinung‹, der bereits angesprochen wurde. Wird das Meinen als ein Gelegenheitsarbeiter beschrieben, dann lassen sich ›bloße Meinungen‹ als ›Gelegenheitswerke‹, als Exempel, verstehen. Der pejorative Klang, der im Falle der bloßen Meinungen mitschwingt, weil sie als flüchtig, subjektiv und wahrheitsfern aufgefasst werden, ist vielleicht (noch) nicht beseitigt, doch es deutet sich ein Perspektivenwechsel an, um den Begriff der Meinung prägnanter zu fassen.

Denn die entscheidende Frage ist nun, wie in diesem Bild das Wirken des Gelegenheitsarbeiters und die Gelegenheitswerke verstanden werden können. Natürlich lässt sich ›gelegentlich‹ im Sinne von ›eigenwillig‹, ›zufällig‹ bis hin zu ›beliebig‹ und ›willkürlich‹ verstehen. Dann wäre nichts gewonnen, die bloßen Meinungen wären flüchtige Erscheinungen, die es im Namen des Wissens zu überwinden oder durch ein Wissen zu ersetzen gilt. Doch ›gelegentlich‹ muss keineswegs darauf reduziert werden. Im Gegenteil, es eröffnet die Frage, bei welcher Gelegenheit der freie Mitarbeiter des Meinens seinen eigenen Auftritt hat und seine spezifischen Arbeiten verrichtet. Fragt man derart und ruft noch einmal die zu Anfang beschriebene imaginierte meinungslose Welt in Erinnerung, öffnet sich eine andere Perspektive, um das Thema der Doxa zu behandeln. Natürlich fehlte einiges in dieser Beschreibung der meinungslosen Welt, es fehlte aber sicherlich auch und nicht zuletzt schlicht das *Exemplarische*. Beispiele, ob nun als Illustrationen, Proben, Vorbilder oder Einzel- bzw. Präzedenzfälle, spielten keine Rolle. Eingedenk dieses Umstands eröffnet sich die weitere Frage, ob das Meinen und die Meinung nicht ähnlich wie Beispiele ihre Funktion als Gelegenheitsarbeiter in Angriff nehmen. Das Exemplarische kann auf diese Weise einen Wink geben, die Funktion der Doxa in ihrer Komplexität zu verstehen. In der Phänomenologie der Doxa (Kap. IV) werde ich diesen Hinweis wieder aufgreifen und vertiefen.

Man kann natürlich noch weiter nach der Gelegenheit als dem Horizont des Wirkens eines derart beschriebenen Meinens fragen. Auch hier kann sich eine neue Perspektive eröffnen: *Das Meinen, so könnte man verkürzt sagen, ist ein Gelegenheitsarbeiter der Kultur.* Nur im Kontext von Kultur, verstanden als Welt des Menschen (Orth 2000), können Meinungen und Beispiele ihre je spezifische Funktion entfalten. Meinungen erweisen sich dann als kulturelle Tatsachen in der Form des Exemplarischen.

Dieser Sachverhalt lässt sich auch mit Heideggers Hinweis auf die Bewandtnisganzheit zum Ausdruck bringen, indem der Frage nachgegangen wird, inwiefern Meinungen eine Bewandtnis haben. Und die Antwort könnte lauten: Meinungen haben als »kulturelle Tatsachen« (Konersmann 2006) eigener Art eine wiederum spezifische Bewandtnis. Eine kulturelle Tatsache »behauptet Autonomie, bestätigt aber zugleich, ja eben damit deren stillschweigende, in der Regel verleugnete Voraussetzungen«. (ebd., 26) Und dies dürfte auch auf die Doxa zutreffen. Meinungen behaupten Autonomie – als die Meinung der anderen, als die anonymen Meinungen oder die bloß subjektive Meinung – und bestätigen in dieser Behauptung die stillschweigende Voraussetzung, dass es im Falle der Meinung gerade damit nicht einfach sein Bewenden hat.

Freilich können diese zuletzt angeführten Überlegungen, die den Gelegenheitsarbeiter des Meinens in der Kultur als der Welt des Menschen am Werk sehen, an dieser Stelle nichts anderes als ein erster Hinweis sein. Würden sie bereits jetzt als endgültige Antwort aufgefasst, wüsste man noch nicht, was sich mit der Doxa verbindet, was von ihr erwartet werden kann und wo die Grenzen liegen. Erst einige »Umwege« (Blumenberg 2017) werden schließlich am Ende der Überlegungen von der Doxa zur Kultur führen (Kap. VII). Denn auch Gelegenheitsarbeiter sind immerhin Arbeiter, sie werkeln nicht willkürlich an etwas Beliebigem. Wie diese Arbeit aussieht, zeigt sich später (Kap. IV). Zuvor soll aber noch einmal von einer anderen Seite verdeutlicht werden, worin sich die Krisis der Doxa angesichts der vielfältig diagnostizierten Meinungskrisen zeigt und welche philosophischen Optionen sich daraus ergeben.

III

MEINUNGSKRISEN UND DIE
KRISIS DER DOXA

1 Von einer Meinungskrise, die gepaart mit einer Krise des Wissens und befeuert durch zunehmend sich parzellierende Kommunikation zu gesellschaftlichen Verwerfungen führt, ist viel die Rede. Dabei rücken besonders Meinungen in den Blick, nicht einfach nur die unbedachten, verwegenen und abwegigen, sondern Meinungen schlechthin. In ihnen wird nicht selten die eigentliche Gefahr gesehen. Meinungen werden als suspekt eingestuft, weil an ihnen keine Orientierung zu gewinnen sei oder weil in ihnen nur subjektive Willkür zum Ausdruck komme. Auf der anderen Seite wird von Meinungskorridoren gesprochen, die Weltsichten verengen und Pluralität durch Fragmentierung ersetzen. Meinungen werden gegenwärtig für vieles verantwortlich gemacht.

Doch kann es helfen, Meinungen auf solche Weise im Voraus zu fassen, um offensichtliche Defizite zu beheben? Könnte es nicht sein, dass die eigentliche Krisis der Doxa, wenn nicht unbedingt tiefer, so doch zumindest auf einer anderen Ebene zu suchen ist als in den Gefahren und Bedrohungen von derart diagnostizierten Meinungskrisen? Die gegenwärtigen Diskussionen und Diagnosen um eine oder mehrere Meinungskrisen lassen sich auch in dem Sinne verstehen, dass die Frage nach der Doxa ihren Sinn verloren hat. Gerade und besonders in den wirkmächtigen Meinungskrisen zeigt sich eine Krise eigener Art, die die Doxa selbst betrifft. Eine solche Diagnose, wenn auch auf ganz anderem Terrain, ist durchaus nicht neu, wenn man an Husserls *Krisis*-Schrift und das Projekt einer Rehabilitierung der Doxa denkt.

2 Die aktuelle Situation scheint vielen Beobachtern klar, der Baukasten der Krisendiagnostik ist reich gefüllt und die Schlagworte sind bekannt. Die stetig wachsenden Möglichkeiten der technischen und digitalen Kommunikation befeuerten eine

Orientierungslosigkeit, die durch fehlende, falsche oder manipulierte Informationen entstehe. Die Kommunikationsteilnehmer seien überlastet, die Informationen selbst fragmentiert und ohne Zusammenhang. Die vernetzte Welt befördere einen Solipsismus des digitalen Subjekts, in dem intersubjektive Beziehungen durch imaginäre und digitale Selbstanmaßung ersetzt werde. Nicht mehr die Argumente zählten, sondern die Selbstermächtigung zur getwitterten Meinungsführerschaft.

Krisen unterschiedlichster Art ließen sich daran festmachen: eine Krise der Medienlandschaft, die durch neue Konkurrenzen hervorgerufen wird; eine Krise des Vertrauens in Institutionen, da kommunikative Sicherungssysteme abgebaut werden; eine Krise der Öffentlichkeit, da Partikulares von Universellem nicht mehr geschieden werde, oder auch eine Krise der Wahrheit, da an die Stelle des Faktums das ›Faktoid‹ getreten sei, die geprüfte Tatsache also durch die propagierte Tatsache ersetzt werde. »In der digitalen Welt wird es schwieriger, zu überprüfen, was wahr ist und was nicht. Ein Permaregen von Informationen lässt uns fast nichts anderes übrig, als allmählich auf Standards wie Objektivität und Wahrheit zu verzichten.« (Kaeser 2016) In der sogenannten postfaktischen Gesellschaft würden Stimmungen geschürt und Verwirrung absichtlich hergestellt. Die Maßstäbe, auf die sich ein Urteil beziehen muss, um Gültigkeit zu erlangen, bleiben verborgen. Nicht nur der Einzelne weiß nicht mehr, was richtig und falsch ist, auch die demokratische Ordnung steht auf dem Spiel. »Es schlägt die Stunde der Dogmatiker, Demagogen und Dummschwätzer« (ebd.).

Nicht nur Krisendiagnosen dieser oder ähnlicher Art treffen auf offene Ohren, auch die Ursachen scheinen klar und werden schnell benannt. Fakten müssen die Meinungen justieren. Denn eine Demokratie komme ohne ein »Tribunal der Fakten« (ebd.), das durch neutrale Institutionen gesichert werde, nicht aus, um auf dieser Grundlage valide Entscheidungen treffen zu können. Wenn die Fakten auf dem Tisch liegen, so die Hoffnung, seien die Fundamente wieder gesichert und verlässliche Urteile ließen sich fällen. Man denkt bei solchen Beispielen im politischen Raum vielleicht an die Prognosen zur Steigerung der Erderwärmung, die genaue Berechnung von schädlichen Inhaltsstoffen in Pflanzenschutzmitteln oder auch die exakten Infektionszahlen und Verbreitungsdynamiken in Pandemien. Sind die Tatsachen geklärt, ist die kommunikative Krise im Ansatz beseitigt und Orientierung wieder möglich.

Dazu würde freilich auch gehören, dass alle Beteiligten in der Lage sind, die Tatsachen zu verstehen und einzuschätzen, d. h. sie sollten die jeweiligen Methoden der Tatsachenfeststellung, die Wege ihrer Vermittlung und die Bedeutung ihrer Relevanz beurteilen können. Sie müssten also, wenn nicht selbst Experten, so doch zumindest kundige Wissenschaftsjournalisten in eigener Sache sein. Wenn dies nicht möglich sein sollte, vielleicht aus Überforderung oder auch aus schlichtem Desinteresse, dann könnte es naheliegen, die Experten der Faktenermittlung zu ermächtigen und ihnen ebenso die Faktenbewertungskompetenz für die Öffentlichkeit zu überlassen. Herausbilden würde sich eine Expertenregierung im eigentlichen Sinne. Der Phantasie wären dann keine Grenzen mehr gesetzt. Das demokratische Modell der drei Gewalten von Legislative, Exekutive und Judikative könnte um eine vierte Säule, vielleicht eine – wie man sie nennen könnte – ›Intellektive‹, ergänzt und mit dem Recht versehen werden, Gesetzgebungsprozesse zu initiieren. Damit die Mitglieder der ›Intellektive‹ ihr Wissen exklusiv ausüben können, werden sie nicht gewählt, sondern berufen und dies am besten auf Lebenszeit.

Dies klingt nach einer Selbstermächtigung einer dogmatischen Wissenschaft, doch solche Ideen stehen im Raum. (Tremmel 2014) Die in ihnen zum Ausdruck kommenden Hoffnungen mögen wohlgesinnt sein, müssen aber klassischerweise als Kategorienfehler bzw. Ausblenden unterschiedlicher Rationalitätsformen verstanden werden. (Nida-Rümelin 2020, 204 ff.) Sie negieren nicht einfach nur die Pluralität gesellschaftlicher Interessen, sie gefährden auch nicht nur politische Abwägungsprozesse, sie setzen zudem auch noch den Status wissenschaftlichen Wissens aufs Spiel und karikieren ihn. Derartige Gedankenspiele sind kaum mit der Idee einer offenen, aufgeklärten und liberalen Gesellschaft vereinbar. Solche Argumentationen würde man eher in rigiden politischen Systemen, die an die Stelle der Urteilskraft szientistisch zertifizierte Vorschriften setzen, vermuten.

3 Es ist freilich nichts dagegen zu sagen, dass wissenschaftstheoretisches Wissen einen sinnvollen Platz im Leben und in einer aufgeklärten Gesellschaft einnimmt. An diesem Erfordernis kann kein Zweifel bestehen. Selbstverständlich wird man sich nicht in einer wirklichkeitsfernen Ideologie der Ausschaltung von Objektivität einnisten können – man kann sich nur darin verlieren. Auch ist an dem Bild einer frappierenden Orientierungslosigkeit, die selbst etablierte demokratische politische Ordnungen und Gesellschaften ins Wanken bringt, ganz sicher nicht alles falsch. Die Befunde sind deutlich genug. Dabei wird man nicht nur auf *eine* Krise, sondern durchaus, wie etwa Pörksen, auf mehrere Krisen hinweisen müssen: eine ›Wahrheitskrise‹, eine ›Diskurskrise‹, eine ›Autoritätskrise‹, eine ›Behaglichkeitskrise‹ oder eine ›Reputationskrise‹, die allesamt eine – in Anlehnung an Thomas Mann gefasste – »große Gereiztheit« hervorrufen: »Wir sind gereizt, weil wir nicht sicher wissen können, was von dem, was gerade noch als Gewissheit erscheint, eigentlich stimmt und wer Daten und Dokumente aus welchen Gründen und mit welchen Absichten manipuliert. Wir sind gereizt, weil wir im Informationsgewitter und einem medientechnisch produzierten Dauerzustand der Ungewissheit in heller Aufregung nach Fixpunkten und Wahrheiten suchen, die doch, kaum meinen wir, ihrer habhaft geworden zu sein, schon wieder erschüttert und demontiert werden. Und wir sind gereizt, weil zivilisierende Diskursfilter weggebrochen sind, Autoritäten in rascher Folge demontiert werden«. (Pörksen 2018, 8)

Auch ist zu bedenken und zu klären, in welchem Sinne die Diagnose einer Informationsflut die aktuelle Situation zur Gänze trifft. Mindestens ebenso problematisch ist die manifeste Desinformation. »Nun ist die Vorstellung von einer Informationsflut, die Menschen überfordert und deshalb keinen Informationsgewinn bringt, schon älter. Neu ist hingegen die Beobachtung, dass eine Informationsflut aus wahren und unwahren Fakten, Meinungen und gefühlten Wahrheiten die Informiertheit von Bürgern sogar verschlechtern kann. Viele Menschen scheinen dabei aber nicht *un*informiert, sondern eher *des*informiert.« (Schweiger 2017, S. VIII) Gründe für die Desinformation werden u. a. gesehen in der »granularisierten Verbreitung und Aufnahme isolierter Informationshäppchen«, einer »*Pseudo-Informiertheit* oder *Wissensillu-*

sion« als einer »unheilvollen Kombination aus zumindest teilweiser Desinformiertheit und einem übertriebenen Selbstbewusstsein«, einer »*Verstärkung individueller Einstellungen* in Filterblasen und Echokammern« oder einer überdurchschnittlichen »*Redebereitschaft* politisierter und pseudo-informierter Menschen (Wutbürger)« in der digitalen Kommunikation. (Schweiger 2017, 189)

Freilich ist auch die Situation der Desinformation nicht neu, früher firmierte sie als Propaganda. Man kann auch bestens ›informiert‹ falsch liegen oder auf die falsche Fährte führen. Der Unterschied dürfte aber darin zu suchen sein, dass Propaganda als eine gesteuerte Desinformation zu verstehen ist, während gegenwärtig gleichsam autopoietisch verlaufende Desinformationsprozesse sich aufschaukeln und gegenseitig verstärken, so dass Motive, Ziele und auch die Träger isolierter Nachrichten und zusammenhangloser Botschaften ausgeblendet bleiben. Paradoxerweise sanieren Verschwörungstheorien diesen blinden Fleck ungesteuerter Desinformation, indem dem geradezu blind verlaufenden Prozess einer nicht mehr zuschreibbaren Nachricht fiktive Intentionen von imaginären Personen unterstellt werden. Die ungesteuerte Desinformation wird durch Absichtsunterstellung sozusagen handhabbar, sie erhält ein Gesicht – und im Zweifel das Gesicht von Personen, die sich als Ressentimentzielscheibe bestens aufgrund ihrer (räumlichen und sozialen) Unerreichbarkeit auszeichnen. Dies unterscheidet Verschwörungstheorien von Phantasmen einerseits und Propaganda andererseits.

Das anfangs im Sinne der Meinungsfreiheit und einer neuen Demokratisierung auf die sogenannten sozialen Medien gesungene Loblied ist zwischenzeitlich durch erhebliche Misstöne irritiert worden. Die neuen Medienformate werden in einem grundsätzlichen Sinne als »Verfallsmedien« beschrieben, da »sie auf den Abbau der Norm der Wahrheit als diskursiver Leitlinie abgestellt sind«. Sie wirkten als »Durchlauferhitzer ungefilterten Dissenses, ihr Wesen ist der Shitstorm.« (M. Gabriel 2020, S. 596 f.)

Die Diagnosen sind nicht von der Hand zu weisen, auch wenn man in Rechnung stellen muss, dass die eine oder andere Kritik die Betriebstemperatur so mancher Tweets noch überbieten möchte. Auch darf man fragen, wie die Lösungsoptionen genau aussehen und ob sie so tragfähig sind, wie die Diagnosen treffend sein mögen. Doch unabhängig davon stellt sich die nicht nur interessante, sondern tatsächlich grundsätzliche Frage, ob zumindest an einem Punkt die Kritik nicht zu weit geht und damit letztlich auch die berechtigten Gründe, die für die Kritik vorgebracht werden, ins Schwanken bringt. Denn das selbstverständlich richtige Insistieren darauf, dass die Konzepte der Wahrheit, des Wissens, der Information oder der Tatsachen nicht über Bord geworfen werden können, führt nicht im gleichen Atemzug dazu, dem Konzept der Meinung den Garaus zu machen. Wer auf der Wahrheit insistiert, kann die Meinung nicht übergehen. Und wer an einer gelingenden Debattenkultur interessiert ist, wird dem Meinen seinen Raum lassen müssen. So verlockend die Überlegungen sein mögen, in den Meinungen den universalen Diskursstörer zu sehen, so brisant sind sie. Denn klassischerweise übt sich eine liberale demokratische Ordnung in einem ›Tribunal der Meinungen‹, ohne es einfach gegen einen ›Gerichtshof der Fakten‹ einzutauschen. Und in einem ebenso grundsätzlichen Sinne verstehen Menschen sich in, mit und über Meinungen. Auch Öffentlichkeit wird ohne Meinungen kaum zustande kommen können. Wird all dies infrage gestellt, wird das Konzept der Meinung allzu schnell in den Giftschrank der Debattenkultur und des menschlichen Selbstverstehens verbannt, dann besteht letztlich die Gefahr, dass die berechtigte Kritik an aktuellen Entwicklungen ihre eigenen Grundlagen verliert.

4 Die Ausgrenzung des Konzepts der Meinung aus dem intellektuellen Haushalt bei gleichzeitiger, fast selbstverständlicher Kritik eines Meinungsjahrmarkts kann zu einem Mythos um die Meinung führen, der sich im Bewusstsein einer positivistischen *und zugleich* postfaktischen Moderne als Dogma verfestigt und sich bestens in den verschiedensten Weltanschauungen einnisten kann. Letztlich steht das postfaktische Bewusstsein, das Wissensansprüche relativiert und Objektivität als Illusion begreift, nicht etwa einem ausschließlich szientistisch ausgerichteten Interesse gegenüber, sondern beide stützen sich gegenseitig in ihren extremen Ausformungen. Verloren geht in dieser explosiven Gemengelage etwas anderes, nämlich ein adäquates Verständnis der Doxa. Weder positivistische Selbstverleugnung und szientistische Ver-

absolutierung, die dadurch ausgezeichnet sind, dass Fakten nicht mehr in den Grenzen von Wissensansprüchen erörtert werden, die ihrerseits auf vorgängige Orientierungsleistungen verweisen, noch ideologische Selbstverkleidung, die im Wissen nur noch selbstgerechte und regellose Deutungen zu erkennen vermag, lassen ein Konzept der Meinung zu. Sie befördern und bedienen allerdings einen Mythos um die Meinung.

Wenn wir versuchen, diese Gemengelage aufzuklären, so lassen sich einige Grundannahmen anführen, die in diesem Mythos ineinandergreifen und sich gegenseitig Halt geben.

Zum einen werden *Meinungen* recht schnell *Tatsachen* oder *Fakten* gegenübergestellt. Meinungen mit einem Faktencheck zu begegnen, mag als Slogan imposant sein, doch hier verstecken sich theoretischer Sprengstoff und begriffliches Durcheinander. Die unvermittelte Konfrontation von Meinungen mit Tatsachen ist nicht nur deshalb problematisch, da Meinungen nicht einfach Tatsachen, sondern einem Wissen von Tatsachen gegenübergestellt werden müssen. Sie provoziert auch deshalb Verwirrung, da in vielen Diskussionen gar nicht so klar ist, was unter Tatsachen oder Fakten verstanden werden soll oder darf. Werden wir etwa mit der Aussage konfrontiert, das Ulmer Münster sei höher als der Kölner Dom, so ist die Behauptung mit dem Wissen um die Höhe der beiden Bauwerke in Beziehung zu setzen. In dem begründeten Wissen wird eine Tatsache zum Ausdruck gebracht, für die auf Fakten Bezug genommen wird. Das Faktum ist jedoch nicht einfach das Ulmer Münster oder der Kölner Dom, sondern das Ulmer Münster und der Kölner Dom, *insofern* sie mit Blick auf *diesen* Wissensanspruch (also die Höhe der Bauwerke) *unter Bezugnahme* auf ein einheitliches Maßsystem zum Thema werden. Dies bedeutet freilich nicht, dass Fakten uninteressant seien oder keine Rolle spielten, es bedeutet, dass eine direkte Gegenüberstellung von Meinungen mit Fakten im Sinne einfach zugänglicher Gegebenheiten, die für sich stehen und sich selbst rechtfertigen könnten, wenig hilfreich ist.

Es liegt auf der Hand, dass diese Sachlage komplexer wird, wenn Wissensansprüche ins Spiel kommen, die eine Modellierung voraussetzen bzw. auf einer Modellierung gründen. Wird etwa behauptet, dass in den letzten Jahrzehnten die durchschnittliche Lebenserwartung zugenommen habe, dann lässt sich diese Aussage mit den

Angaben des Statistischen Bundesamtes in Beziehung setzen. Hier aber ist gar nicht mehr so klar, auf welche Fakten Bezug genommen wird, wenn etwa aktuell die Lebenserwartung von Jungen mit 78,5 und von Mädchen mit 83,3 Jahren angegeben wird, während sie für im Jahr 2001 Geborene mit durchschnittlich 75,6 Jahren (Jungen) und 81,3 Jahren (Mädchen) aufgeführt wird. Modellbasierten Theorien liegen in diesem Fall auf komplexe Art gewonnene Daten zugrunde. Es liegt auf der Hand, dass Daten dieser Art nicht nur in mehrfach vermittelter Art methodisch aufgearbeitet sind, die Schlüsse, die aus ihnen gezogen werden, bedürfen auch einer eigenen Einordnung.

Gegen all dies ist nichts einzuwenden. Es kommt nur zu erheblichen Missverständnissen, wenn nicht mehr zwischen Fakten und Daten unterschieden wird oder aber das Wissensmodell selbst als (nun neues) Faktum auftritt. Das begriffliche Potpourri ist absehbar und kaum mehr zu entwirren. Natürlich sind die Fälle noch wesentlich komplexer, doch klar wird, und darauf soll es hier ankommen, dass die schlichte Konfrontation von Meinungen mit Fakten den Mythos zwar prägt, doch weder Meinungen noch Fakten gerecht wird.

Ein weiterer Grundzug dieses Mythos zeichnet sich durch einen *Akt der Unterbindung* aus, das Ausschalten der Meinung zugunsten der Faktensicherung. Die These könnte etwa lauten: Wenn es um Fakten geht, spielen Meinungen keine Rolle; und wenn Meinungen doch irgendeine Rolle spielen, sind es rein subjektive Angelegenheiten. Im weitesten Sinne versteckt sich hinter einem solchen Ansatz ein Nonkognitivismus. Dies bedeutet, dass einer Meinung kein wie auch immer zu bestimmender Gehalt zukommt, sondern mit und in Meinungen nichts anderes als Präferenzen oder Neigungen zum Ausdruck kommen. Wer eine Meinung äußert, verleiht seiner Präferenz besonderes Gewicht. Dies mag bei Meinungsäußerungen vielleicht noch naheliegen, die tatsächlich einen wertenden Aspekt beinhalten, doch auch hier trifft es nicht den Punkt. Wer der Meinung ist, dass dieser oder jener Politiker ›besser‹ ist, drückt vielleicht gelegentlich *auch* eine Präferenz aus. Doch wer der Meinung ist, dass Politiker ihrer Aufgabe gewachsen sein sollten, drückt *zunächst* keine Präferenz aus. In und mit dieser Meinung zeigt sich etwas, das sich als etwas potentiell Überzeugendes (pithanón)

(Aristoteles 2002, 1355b; Oesterreich 2015) beschreiben lässt. Es geht um »die *Möglichkeit*, am jeweils Gegebenen zu sehen das, was für eine Sache, die Thema der Rede ist, spricht, jeweilig zu sehen das, was für eine Sache sprechen kann.« (Heidegger 2002, 114) Überzeugungen dieser Art können Präferenzen motivieren, doch Präferenzen lassen sich nicht direkt mit Überzeugungen gleichsetzen. Man mag vielleicht die Meinung, dass dieser oder jener Politiker ›besser‹ ist, als eine Privatmeinung im Sinne einer Präferenz bezeichnen (was auch immer damit in einer bestimmten Situation genau *gesagt* ist). Doch die Charakterisierung der Meinung, dass Politiker ihrer Aufgabe gewachsen sein sollten, als eine Privatmeinung zu etikettieren, dient nur dazu, den Gehalt der Meinung, dasjenige, was potentiell dar- und ausgelegt werden kann, aus dem Verkehr zu ziehen.

Dies führt zu einem dritten Gesichtspunkt des Mythos, nämlich der Vorstellung, man könne Meinungen im Sinne einer creatio ex nihilo *aus dem Nichts bilden*. Die Idee der Meinungsbildung hat ganz sicher ihre Berechtigung, ihr kommt eine besondere Bedeutung zu (vgl. Kap. V und VI). Der Ausdruck Meinungs*bildung* hat jedoch auch etwas Verführerisches, da Bildung einzig als freie Schöpfung einer ungebundenen Meinung verstanden werden könnte. Doch was könnte es heißen, dass Meinungen aus dem Nichts entstehen? Wie sollte dies vonstattengehen? Und wie sollte man eine solche Meinung verstehen können? Ein nicht ganz uninteressanter, aber ebenso schwieriger Aspekt besteht im Falle der Meinungen darin, dass Meinungen als Stellungnahmen auf etwas gründen, das nicht erst geschaffen werden muss. Wer eine Position bezieht, steht nicht auf Nichts. Und wird eine Meinung gebildet, so bedeutet dies nicht, dass ein solches Bilden regellos ist.

Weiterhin zeichnet diesen Mythos die Annahme der *Bedingungslosigkeit* von Meinungen aus. Meinungen können, so die Annahme, bedingungslos als Meinungen auftreten, während ein Wissensanspruch Bedingungen, im besten Falle Wahrheitsbedingungen, genügen muss. Wird ein Wissensanspruch explizit als solcher vorgebracht, wie etwa die Behauptung, dass aufgrund der Erkrankung eines Prüfers die Prüfung ausfällt, so wird erwartet, dass diese Behauptung belegt werden kann. Wird jedoch die Meinung in den Raum gestellt, dass alle Prüfer voreingenommen sind, so sieht es auf den ersten Blick so aus, dass man alles Mögliche meinen kann und dem beliebigen Meinen keine Grenzen gezogen sind. Das Meinen erscheint dann als bedingungslos. Wittgensteins rhetorische Frage zu einem bedingungslosen Zweifeln – »Kann ich zweifeln, woran ich zweifeln *will*?« (Wittgenstein 2008c § 221) – kann aber auch hier zu denken geben: *Können wir alles meinen, was wir meinen wollen?*

In den Mythos eingeschrieben scheint ferner die Annahme, dass Meinungen grundsätzlich nichts mit Wahrheit zu tun haben, sie gleichsam in einer wahrheitsfernen Welt ihr Spiel spielen. Es wäre aber töricht zu behaupten, dass Wahrheit und Falschheit im Falle des Meinens keine Rolle spielten. Meinungen sind im Gegenteil *offen für die Unterscheidung zwischen wahr und falsch*. Und dies liegt daran, dass das Meinen nicht einfach als schlichtes Wiedergeben beschrieben werden kann. Wer etwas meint, ist zu mehr in der Lage. Wir werden nicht erwarten müssen, dass der Meinende in jedem Fall wissen muss, wie die Wahrheit einer Meinung im Einzelnen überprüft werden kann. Wir werden aber sehr wohl erwarten dürfen, dass er seine Meinung in den Horizont anderer Meinungen einordnen kann. Bereits damit ergibt sich eine Offenheit für die Differenz zwischen Wahrheit und Falschheit sowie für die verschiedenen Horizonte, in denen auf unterschiedliche Art sinnvoll nach Wahrheit und Falschheit gefragt werden kann.

Ebenso zeichnet diesen Mythos eine, wie man es nennen könnte, *Zweiklassengesellschaft des Meinens* aus. Meinungen im öffentlichen Raum seien etwas anderes als Meinungen im nicht-öffentlichen Raum. Angesprochen sind damit die jeweiligen Regulative des Meinens, so dass es für das öffentliche Meinen andere Bedingungen gebe als für das nicht-öffentliche Meinen. Im extremen Fall führt dies zu der Vermutung, dass im nicht-öffentlichen Raum alles gemeint werden könne oder dürfe, während im öffentlichen Raum nur dasjenige gemeint werden könne, was dem Öffentlichen (wie auch immer dieses Öffentliche bestimmt wird) genügt. Doch diese Annahme ist zumindest fragwürdig. Denn erstens werden wir auch im nicht-öffentlichen Raum auf Regulierungen des Meinens treffen. Und zweitens ist die These, dass für den nicht-öffentlichen Raum andere Regularien gelten als für den öffentlichen Raum, zumindest einmal zu belegen.

Und schließlich wird dieser Mythos gestützt von der Überzeugung, dass der Kontext *bestimme*, was eine Meinung sei. Sicherlich wird man anmerken müssen, dass die Umstände, unter denen eine Meinung (aber auch Wissen) zum Ausdruck kommt, eine Rolle spielen. Ein umstandsloses Meinen ist eher ein Raunen. Doch wenn auch Umstände sicherlich zu berücksichtigen sind, so diktieren Umstände doch nicht die Meinung. Ansonsten könnte es keine Verantwortung geben, mit seinen eigenen Meinungen (und nicht nur mit denen der anderen) auf adäquate Art und Weise umzugehen.

In einem Mythos dieser Art stützen sich die Annahmen gegenseitig. Sie müssen auch nicht immer gleich stark gewichtet sein. Es ist ebenso wenig notwendig, dass alle Annahmen gleichzeitig in Aktion sind. Wollte man diesen Mythos auf den Punkt bringen, so ließe er sich vielleicht folgendermaßen beschreiben: Meinungen spielen keine besondere Rolle, sie sind im besten Falle Ausdruck subjektiver Vorlieben, in denen nichts Bedeutendes zum Ausdruck kommt, die willkürlich immer neu gebildet werden können und für die es keine Rahmenbedingungen gibt, unter denen sich Meinungen als Meinungen qualifizieren. Ein solcher Mythos führt zur Not der Entscheidung: entweder subjektive Vorlieben, die aber letztlich nur individuelle Illusionen sind, oder Fakten, von denen allerdings auch nicht immer klar ist, was sie als Fakten auszeichnet. Zu verstehen, was Meinungen selbst sein können, was das Konzept der Meinung bedeutet, spielt bei dieser Entscheidung keine Rolle mehr.

Die Frage nach der Doxa fällt aus dem Spiel heraus, die Frage selbst scheint keinen Platz mehr zu haben – und dies lässt sich als die eigentliche Krisis der Doxa beschreiben. Sie verschärft die vielfach zu Recht diagnostizierten Meinungskrisen. Die Phänomenologie der Doxa im folgenden Kapitel (Kap. IV) wird gegenüber dem angeführten Mythos ein anderes Bild des Meinens und der Meinung entwerfen, wobei die Rehabilitierung der Doxa bereits im frühen 20. Jahrhundert als eigenständiges philosophisches Projekt verfolgt wurde.

5 Selbstverständlich kommt der Meinung in der Geschichte der Philosophie eine wichtige Rolle zu. Von der Sophistik (Buchheim 1986) bis hin zu den Entwürfen der Neuen Rhetorik (Perelman u. Olbrechts-Tyteca 2004) eröffnet sich ein weites Feld. Von Platon und Aristoteles (Ebert 1974; Erler 2019; Erler u. Tornau 2019; Rapp 2019) bis zu Wittgenstein (Rott 2003) ist sie im Spiel und nimmt dort unterschiedliche Positionen ein. Es ist jedoch alles andere als einfach zu sagen, in welchem Stück die Meinung jeweils auftritt und welchen Part sie genau dabei spielt. In einem gewissen Sinne übernimmt sie die wohl bedeutendste Nebenrolle in der Geschichte der Philosophie.

Dies ändert sich allerdings im 20. Jahrhundert. Aus der jüngeren Philosophiegeschichte ist eine prominente Position bekannt, die das Unbehagen gegenüber einem Meinungsverlust angesichts von Meinungskrisen zum Ausdruck bringt. Im ersten Drittel des 20. Jahrhunderts empfiehlt Husserl den Rückgang auf die vermeintlich bloße Meinung und initiiert eine Denkbewegung, die in der Form einer Rehabilitierung der Doxa sowohl Zeitdiagnose und Zeitkritik leistet als auch einen neuen philosophischen Entwurf wagt. Bei dieser Intervention ist sich Husserl im Klaren darüber, dass die Forderung, in der Meinung mehr als nur bloße Meinungen zu sehen, alles andere als auf der Hand liegt und in den Alltagskämpfen um weltanschauliche und wissenschaftliche Deutungshoheiten einen schweren Stand hat.

Husserls philosophisches Experiment einer »*Rechtfertigung der Doxa*« (Husserl 1985, 44; Aguirre 2010; Held 1986) zu Beginn des 20. Jahrhunderts entfaltet sich in einem Diskussionsumfeld, welches sich einhundert Jahre später in seinen Grundzügen und seinen festgefahrenen Oppositionen nicht nur erhalten, sondern noch stärker zementiert hat. Es betrifft allerdings heute nicht mehr nur die Restitution eines adäquaten Wissenschaftsverständnisses, es reicht tief hinein in die Debattenkultur der Gegenwart. Auch Husserl sieht sich einer brisanten Konfrontation zwischen einerseits demjenigen ausgesetzt, was er als ›Positivismus‹ bezeichnet, und andererseits den Ansichten, die er einer ›Literatenphilosophie‹ zuschreibt.

Die Kritik des postfaktischen Bewusstseins ist keineswegs neu, sie findet sich bereits in Husserls Auseinandersetzung mit Positionen, die zwar das Subjektive der Subjektivität feiern, dabei aber jede Orientierung an der *Objektivität als Moment der Subjektivität* selbst aufgeben. Mit der Literatenphilosophie, bezüglich deren einzelne Vertreter Husserl durchaus im Laufe der Zeit seine Einschätzung ändert, artikuliert sich eine Protestbewegung gegen eine nicht minder problematische positivistische Verengung der menschlichen Lebenswirklichkeit. In der positivistischen Perspektive wird die »Lebensbedeutsamkeit« (Husserl 1969, 3) der Wissenschaft aufgegeben zugunsten einer Wirklichkeitserklärung, die ohne Wirklichkeitserfahrung auszukommen sucht. An die Stelle qualitativ gesättigter Erfahrungsleistungen, in denen sich Orientierungen verwirklichen, tritt eine symbolisierende und quantifizierende Registratur der Wirklichkeit. Statistiken und Modelle werden für das gehalten, was noch sein kann. (Becker 2021) Eine Literatenphilosophie als Zwillingsschwester des von Husserl so gefassten Positivismus wird jedoch ebenfalls nicht der Lebensbedeutsamkeit gerecht, sie ersetzt Wirklichkeitserleben durch relativierendes Wirklichkeitsbefinden.

In dieser Gemengelage entwickelt sich Husserls Rückgang auf die Doxa, vermittels derer die Lebenswelt als ein philosophisches Projekt eigener Art zur Sprache gebracht werden kann. Formuliert wird es in Husserls *Krisis*-Schrift. (Husserl 1969; Orth 1999) Das Vorhaben kann nicht anders verstanden werden denn als eine Provokation in zwei Richtungen. Die Meinung ist weder etwas, was durch den Positivismus als bloße Meinung ausgeschlossen werden kann, noch kann sie in sich verklärende subjektive Selbstdeutungen eines freigeistigen Meinens aufgelöst werden. Genau darum ist »dieser Bereich der Doxa nicht ein solcher von Evidenzen minderen Ranges« im Vergleich zur »Episteme, des urteilenden Erkennens und seiner Niederschläge«. Husserl sieht hier vielmehr den »Bereich der letzten Ursprünglichkeit, auf denen sinngemäß die exakte Erkenntnis zurückgeht«. (Husserl 1985, 44) Einer solchen Überlegung liegt es fern, Erkenntnis zu relativieren oder den Geltungsanspruch wissenschaftlichen Wissens auszuschalten. Auf dem Weg von der Meinung zur Erkenntnis »darf« allerdings das »Eigenrecht der unteren Stufen« (ebd., 45) nicht vergessen werden.

Dass Husserl sich der Schwierigkeit bewusst war, angesichts der Ausschaltung der Meinungen durch positivistische Ansätze und der Selbstverklärung eines beliebigen Meinens in der von ihm so genannten Literatenphilosophie die Meinung als Meinung wieder zum Thema zu machen, zeigt sich deutlich in den Fragen, die er sich selbst stellt: »Was soll da der Rückgang aus dem Bereich der Episteme in denjenigen der Doxa, in einen Bereich vager Erfahrung mit ihrem ›trügerischen Schein‹? Bleibt nicht das prädikative Urteilen allein der Sitz des Wissens, der echten und eigentlichen Evidenz? Selbst wenn man der Erfahrung eine Art von Evidenz zuspricht und zugibt, dass sie der prädikativen Evidenz genetisch voranliegt, ist ihre Evidenz nicht von minderer Güte? Was soll dann eine Ursprungserklärung des Urteils leisten, die von seiner Evidenz zurückführt in eine Dimension von offenbar minderem Range? Wie soll das Bessere durch den Rückgang auf das Mindere geklärt werden?« (Husserl 1985, 22)

Aus Sicht der beiden Oppositionsparteien von selbstverlorenem Positivismus und selbstvergessenem Subjektivismus ist es ein geradezu verwegener Versuch Husserls, an der Frage nach der Doxa festzuhalten, da sie entweder im Namen bloßer Meinungen oder unter der Flagge eines bedingungslosen Meinens verstellt wird und als Frage selbst kaum noch auf Verständnis hoffen darf. Doch der Versuch bleibt alles andere als folgenlos, denkt man an Husserls eigene und umfassende Analysen zur Lebenswelt und die Aufgriffe und Weiterentwicklungen dieses Ansatzes durch beispielsweise Heidegger und Arendt.

6 Husserls Rückgang auf die Doxa ist weder begriffs- noch ideengeschichtlich in dem Sinne angelegt, dass die Gebrauchsweisen des Ausdrucks ›doxa‹ untersucht oder alle theoretischen Optionen von der Metaphysik über die Erkenntnistheorie bis hin zur Rhetorik aufgearbeitet werden. Er setzt sich nicht mit der Begriffsgeschichte auseinander, ihn interessieren auch weniger die bereits vorliegenden unterschiedlichen Systematisierungen der Meinung.

Der Wortstamm *dok*, auf den die ›Doxa‹ als Meinung und das *doxazein* als Meinen im Griechischen hinweisen, bedeutet das Glänzen oder Scheinen eines Lichtkörpers. (Schneider 1932) Die Glanz- und Scheinmetaphorik, die im heutigen Sprachgebrauch eher im Hintergrund steht, eröffnet allerdings den Raum für Bedeutungsvariationen der Doxa, die bis in die Gegenwart von Relevanz sind. Tritt der konkrete Lichtkörper zurück, wird an seiner Stelle ein unbestimmtes ›es‹ eingesetzt, dann wird mit der Doxa der *Schein* oder *Anschein* verbunden, in der eine Sache gegeben ist oder den die Sache hat. Ist von *dokimatzein* als einem Prüfen die Rede, so lässt sich dies so verstehen, dass die gemeinte Sache im rechten Licht gesehen oder in das rechte Licht gerückt wird. Dies kann auch von Personen gesagt werden. Wird jemand im rechten Licht gesehen, so meint Doxa, was über jemanden gemeint wird, sein Ruf, seine Ehre. In diesem Sinne spricht etwa Nietzsche von der ›guten Meinung‹, die man von sich selbst zu erwecken sucht oder in der andere jemanden sehen. (Nietzsche 1988b, 212 f.) Heute würde man vielleicht von Prestige und Image sprechen.

Im 20. Jahrhundert ist es Heidegger, der u. a. in seiner Auslegung von Platons *Theaitetos* auf die »Zweideutigkeit« der Doxa hinweist. Doxa bedeutet zum einen »das Aussehen und Ansehen, das jemand bietet oder worin etwas steht; in betontem Sinne: öffentliches Ansehen, Ehre, Ruhm«. Zum anderen bedeutet es »das Bild und die Ansicht, die man sich davon und darüber macht, und die Meinung, die man davon hat«. Das »Wesentliche und das Aufregende«, so Heidegger, besteht nun nicht in der Unverbundenheit der beiden Aspekte von Ansicht und Ansehen oder von Dafürhalten und Dafürgehaltenem. In der Doxa, im Meinen und der Meinung, sind die Aspekte aufeinander bezogen, miteinander verschränkt, ineinander verwoben. Gerade diese Interdependenz zeichnet die Doxa aus. (Heidegger 1997, 255 f.)

Wendet man es nicht despektierlich, dann lassen sich Heideggers Untersuchungen zur Doxa auch als eine Philosophie der Ansichtskarte lesen. Heidegger selbst kommt auf die Ansichtskarte zu sprechen, da er den griechischen Ausdruck Doxa mit ›Ansicht‹ übersetzt, um den eingeschliffenen Vorurteilen gegenüber dem Meinungsbegriff zu entgehen. Die Doxa als eine Ansichtskarte ist nicht etwas, auf dem eine Ansicht vertreten wird. Die Ansichtskarte verschafft vielmehr eine Ansicht, die etwas zeigt, was sich darbietet. Dieses wird gemäß einer Sicht, einer Ansicht, als einem Meinen für etwas gehalten.

Es wäre eine interessante Pointe, Heideggers Philosophie der Ansichtskarte als Illustration der Doppeldeutigkeit von Doxa medientheoretisch zu wenden. Vielleicht naheliegend, aber letztlich doch unbefriedigend bliebe es, die schiere Menge von digitalen Nachrichten als eine Flut von Postkarten verstehen zu wollen – ein Vergleich, der eher banal wäre und am Ende nicht weit tragen würde. Eine andere Perspektive könnte mehr Anschlussmöglichkeiten eröffnen. Denn offen bleibt in Heideggers Ausführungen nicht nur, dass Ansichtskarten immer schon gesehene Sichtweisen zum Ausdruck bringen, Ansichtskarten haben auch zwei Seiten. Sie geben auf der Vorderseite etwas zu sehen und sie sagen etwas auf der Rückseite – zumindest dann, wenn sie traditionell genutzt und auf dem üblichen Weg zugestellt werden. In einigen Formaten digitaler Kommunikation ist die Rückseite ausgeblendet, es gibt nichts zu wenden. Ein anonymer Text setzt sich an die Stelle des Bildes, das nun allerdings keine Ansicht mehr verschafft, sondern eine Sicht vorgibt. Und das Dafürhalten wandelt sich zu einem Bestätigen oder Verwerfen.

Die von Heidegger explizierte Doppeldeutigkeit der Meinung als ein Verhalten, in dem sich eine Ansicht zeigt und das zugleich durch eine Sichtweise, ein Dafürhalten, ausgezeichnet ist, fällt nicht zusammen mit einer zweiten Differenz, die gleichwohl im Horizont der Doxa liegt und die nicht von der Doxa isoliert werden kann. Diese zweite Gegenüberstellung schiebt sich gerne vor die erste Unterscheidung. Im Fall der zweiten Differenz handelt es sich um die Unterscheidung zwischen dem Treffen der Sache in der Meinung und dem Verfehlen der Sache durch die Meinung. Die Meinung kann etwas sehen lassen, die Meinung kann sich jedoch auch im Schein verlieren. (Heidegger 1997, 258)

Unverkennbar sind solche Überlegungen in ihrem Zugang von der Phänomenologie Husserls inspiriert, letztlich sogar erst durch diese möglich geworden. Denn Husserls ›Prinzip aller Prinzipien‹, wonach »*jede originär gebende Anschauung eine Rechtsquelle der Erkenntnis* sei, *dass alles*, was sich uns in der ›*Intuition*‹ originär, (sozusagen in seiner leibhaften Wirklichkeit) *darbietet, einfach hinzunehmen sei, als was es sich gibt,* aber auch *nur in den Schranken, in denen es sich da gibt*« (Husserl 1995, 51), erfährt bei Heidegger eine meinungstheoretische Umdeutung in der Doppelstruktur der Doxa: »einmal Ansicht als Anblick und Aussehen von etwas, als das, was die Sache darbietet«, »und dann (andererseits) das *Ver-*

halten, ein Stellungnehmen, das aus der Seele selbst entspringt: der Ansicht sein von ..., – etwas, was sich gibt, für das und das halten.« (Heidegger 1997, 257)

Es ist Arendt, die die Meinung für die Politische Philosophie neu entdeckt. In einem Gespräch mit der antiken Philosophie greift sie ebenso Kants *Kritik der Urteilskraft* auf, ohne jedoch das heideggersch imprägnierte Erbe der Phänomenologie über Bord zu werfen. »In jeder doxa zeigt sich Welt. Sie ist nicht einfach Meinung. Und Welt zeigt sich nur in doxa.« (Arendt 2002, 399) In ihren subtilen Untersuchungen zur Politischen Philosophie spürt Arendt der »Entwertung der Meinung« nach, worin die Meinung zur Illusion gerinnt, wenn sich absolute Wahrheit zum überzeitlichen Wegweiser stilisiert. (Arendt 1994, 333) Politisches Handeln und Wirken ist jedoch eine Sache des Menschen mit all seinen Unwägbarkeiten, Unsicherheiten und Wagnissen, »und diesem Zustand der Veränderung entsprechen die gängigen Meinungen der Menschen, die ebenfalls einem ständigen Wechsel unterworfen sind« (ebd., 332). Dies ist keinesfalls eine Defizitbeschreibung, im Gegenteil. Die Meinung gehört zu den »unerlässlichen Voraussetzungen aller politischen Macht« (ebd., 333). Sie bildet die Grundlage dafür, dass »zwischen den Menschen etwas Gemeinsames« (Arendt 2002, 399) sein kann. Dass unterschiedlich im politischen Geschäft Stellung bezogen werden kann, belegt auf den ersten Blick die Differenz der Meinungen in der politischen Auseinandersetzung. Doch genau hier zeigt sich auf den zweiten Blick der Mehrwert der Doxa. Meinungen sind mehr als das, was viele sagen, weil jede Meinung als Meinung über sich hinausweist und einen Horizont weiterer, sich notwendig verschränkender Perspektiven eröffnet.

Arendts Distanz gegenüber der ›öffentlichen Meinung‹ speist sich aus diesem Gedanken. Carl Schmitt kritisiert die öffentliche Meinung, indem er das Öffentliche der öffentlichen Meinung zum Problem macht. Es komme »weniger auf die öffentliche Meinung als auf die Öffentlichkeit der Meinung an«. (Schmitt 2017, 47) Dabei hat er Tönnies' umfassendes Werk zur *Kritik der öffentlichen Meinung* (Tönnies 2002) im Blick. Arendt sieht im Konzept der öffentlichen Meinung ein anderes Problem. Nicht das Öffentliche ist fragwürdig, sondern die Meinung, wenn sie in der öffentlichen Meinung als das Vereinheitlichte der verschiedenen Perspektiven verschwindet. »So sehr die Meinung an die Öffentlichkeit drängt, so wenig kann sie sich je in Uniformität bezeugen. In der ›öffentlichen Meinung‹ verliert die Meinung gerade ihren Meinungscharakter.« (Arendt 2002, 548)

7 Die Überlegungen Heideggers und Arendts haben unterschiedliche Fragestellungen im Blick, möglich geworden sind beide jedoch durch das phänomenologische Experiment Husserls einer Rechtfertigung der Doxa. Noch einmal konturieren lassen sich die neuartigen Zugänge, wenn sie beispielsweise Positionen gegenübergestellt werden, die in Meinungen nichts als Verführungen und Deprivationen sehen. Hegels Ausführungen zur Meinung in seinen *Vorlesungen über die Geschichte der Philosophie* sind ein Beispiel dafür. Meinungen sind für Hegel in diesem Kontext nichts anderes als »zufällige Gedanken«. Eine Meinung wird von ihm aufgefasst als »eine subjektive Vorstellung, ein beliebiger Gedanke, eine Einbildung, die ich so oder so und ein anderer anders haben kann«. Der Meinung stehe die Wahrheit gegenüber. Und »Wahrheit ist es, vor der die Meinung erbleicht«. (Hegel 1996, 29 f.)

Der gänzlich andersgelagerte Ansatz, wie er von Husserl in Angriff genommen wurde und sich dann in der Folge weiterentwickelt, wird in solchen Konfrontationen deutlich erkennbar. Husserl kommt nicht einfach nur auf die Meinung als ein Grundlagenkonzept zurück, er löst die Reflexion auf die Meinung aus etablierten Voreingenommenheiten, ohne dabei jedoch Wahrheitsansprüche aufzulösen. Man könnte dieses Vorhaben auch noch einmal anders beschreiben und einordnen: Wenn Wittgenstein das Meinen als einen Gelegenheitsarbeiter, einen Freelancer, beschreibt (vgl. Kap. II.5), so kann die Husserl'sche Phänomenologie so verstanden werden, dass sie das Meinen und die Meinung jenseits der etablierten Ordnungen neu zu entdecken sucht, um der spezifischen Arbeit dieses Freelancers, der an vielen Orten aktiv werden kann, gerecht zu werden.

Eine der Pointen der Husserl'schen Phänomenologie dürfte darin liegen, dass sie die parteiischen und einseitigen Meinungsschubladen – zumindest vorläufig – außer Kraft setzt. Die Problemexposition verschiebt sich damit. Es ist nicht die erkenntnistheoretische Frage, wie gesichertes Wissen als Erkenntnis möglich ist, *obwohl* Meinungen als fragil, vorläufig und subjektiv aufgefasst werden. Es ist ebenso wenig die rhetorische Frage, wie in der öffentlichen Rede für eine Überzeugung geworben werden kann, *ohne nur* das Spiel der Meinungen für eine Kunst des Überredens zu nutzen. Und es ist ebenso wenig die Frage der Politischen Philosophie, wie ein gemeinsamer Wille zum Ausdruck kommen kann, *wenn doch* nur heterogene Meinungen vorliegen. In solchen Fragen ist die Meinung ein bloßer Defekt, den es auszuschalten gilt. In der neuen Perspektive ist die Doxa ein Stolperstein, der aufmerken lässt, und ein Steigbügel, ohne den jeder weitere Schritt ins Leere geht. Eine derart herausgestellte Doxa freilich ist alles andere als ein Spielplatz von Beliebigkeiten, das Meinen und die Meinung stellt vielmehr eigene Anforderungen, die sich auch verfehlen lassen.

IV

PHÄNOMENOLOGIE DER MEINUNG

1 Warum interessieren wir uns für Meinungen? Die erste Antwort, die wir geben können, ist unkompliziert: *Meinungen sind von Belang*. Die Antwort ist einfach, aber keineswegs trivial, wenn wir uns in Erinnerung rufen, dass in dem Mythos, der im letzten Kapitel (Kap. III.4) geschildert wurde, jede einzelne These die Belanglosigkeit von Meinungen proklamiert. Doch interessiert sind wir zuerst nicht an der Belanglosigkeit der Meinungen oder an der Trivialität des Meinens, sondern daran, dass es mit der Meinung und dem Meinen etwas auf sich hat. Wer dies leugnet, würde sich auf schwieriges Terrain begeben. Denn was könnte man von sich selbst als einem Meinenden halten, und wie sollte man anderen Meinungen noch begegnen, wenn die Weise, wie wir Meinungen auffassen, in nichts anderem bestehe als in ihrer Diskreditierung, ihrem Ausschluss oder ihrem Boykott? Wir mögen vielleicht mit dieser oder jener Meinung, mit der wir konfrontiert werden, nicht übereinstimmen, auch werden wir in einigen Fällen deutlich auf eine Gegenrede pochen. Doch dies bestätigt eher die Annahme, dass uns an der Meinung als Meinung etwas liegt, wenn auch diese oder jene konkrete Positionierung provozieren kann.

Die Überlegung, dass eine Meinung von Belang ist oder dass es etwas mit Meinungen auf sich hat, kann freilich zu vorschnellen Deutungen verführen, die den Befund selbst verdecken. Dazu gehört etwa, dass allein offensichtliche Zustimmung oder wirksamer Beifall die Relevanz von Meinungen bestimmen können. Die Bedeutsamkeit der Meinung wäre dann allein abhängig von dem Eindruck, den sie hinterlässt, oder der Wertschätzung, die man ihr entgegenbringt. So etwas mag es geben und gibt es sicherlich in den öffentlichen und effektheischenden Kämpfen um Deutungshoheit. Die mediale Bewirtschaftung der Aufmerksamkeit, die immer auch schrill, bunt und laut sein kann, ist jedoch etwas anderes als das Verstehen von Meinungen. Denn Meinungsbildung mag in der Öffentlichkeit – und keineswegs erst seit heute – auch als Ringkampf oder Spektakel inszeniert werden, doch dies sagt mehr über die Öffentlichkeit aus als über die Funktion von Meinungen. Man ist hier geneigt, das Marketing mit der Sache zu identifizieren, die vermarktet wird. Doch die Urteilskraft ist recht robust. Wir wissen sehr genau, dass wir mit dem Auto, das in Werbefilmen inszeniert wird, nicht fahren, sondern mit demjenigen, das wir kaufen, mieten oder leihen – spätestens dann, wenn wir tatsächlich damit fahren. Falls jemand dazu nicht in der Lage sein sollte, dann hat er sicherlich ein Problem, aber ein anderes als dasjenige, was es hier zu verstehen gilt.

Auch kann keine schlichte Kennzeichnung einer Meinungsäußerung durch ein ›Like‹ oder ›Dislike‹ eine Meinung als Meinung qualifizieren, wie auch ein derartiges Etikettieren selbst keine Meinung zum Ausdruck bringt. Denn würden wir uns vorstellen, dass in einem Museum die Museumsbesucher rote Farbtäfelchen neben einem Bild anbringen, wenn ihnen das Bild gefällt, und schwarze, wenn ihnen das Bild weniger zusagt, dann würden wir daraus weder etwas schließen können, was das Bild selbst betrifft, noch wüssten wir, was die jeweiligen Personen mit Blick auf das Bild meinen. Und was würden wir etwa mit plötzlich auftauchenden grünen Farbtäfelchen anfangen? Im besten Fall handelt es sich um eine Signatur eigener Art, eine Sekundärsignatur der eigenen Meinung, wobei nur noch die Signatur übrigbleibt, die Meinung jedoch obsolet geworden ist. Das ist so interessant wie ein Brief, der aus nichts anderem als der Unterschrift eines Absenders besteht, an dem wir selbst aber auch kein besonderes Interesse haben oder den wir auch nicht kennenlernen wollen.

2 Auch könnte man versucht sein, die Bedeutsamkeit einer Meinung darin zu sehen, dass bestimmte innere und individuelle Akte oder Einstellungen des Handelnden oder Sprechenden belanglose von belangvollen Meinungen unterscheiden. Der Meinende würde gleichsam seine Meinung mit einer inneren Wertung beschriften und dadurch die Meinung als belangvoll kennzeichnen. Eine Meinung wäre dann nur interessant, weil derjenige, der diese Meinung zum Ausdruck bringt, sie aufgrund dieser subjektiven Kategorisierung interessant findet.

Natürlich steht hinter einer solchen Annahme die naheliegende und plausible Vermutung, dass Meinungen in irgendeinem Sinne als subjektive Stellungnahmen oder Äußerungen verstanden werden. Das Meinen, so bemerkt Tönnies völlig zu Recht, »will persönlich und individuell sein«. (Tönnies 2002, 31) Da es jedoch komplexer ist, Individualität und Persönlichkeit zu fassen, wird ihre Funktion schnell in einer geistig wertenden Taufe von Meinungen gesucht. Dieser Schritt wiederum ist weniger einleuchtend, da in ihm eine merkwürdig reduzierte Sicht auf die Subjektivität zum Ausdruck kommt, die letztlich sowohl das Wertende der Wertung als auch das Subjektive der Subjektivität zu einem Spielball der Beliebigkeit degradiert. Auch derjenige, der in der Lage ist, einem Gespräch eine subjektive Note zu geben, eine Auseinandersetzung durch eine persönliche Sichtweise zu bereichern, ist nicht mit sich selbst und seinen Meinungen beschäftigt, sondern in einem Gespräch engagiert.

Natürlich sind Meinungen sicherlich *jemandes* Meinungen, und zweifellos werden sie als solche *von anderen* aufgefasst. Genau dies verweist jedoch zuerst einmal in einem grundlegenden Sinne auf das, was man als *Aspektivität* bezeichnen könnte und was sich von der hier vermuteten bzw. unterstellten Subjektivität durchaus unterscheiden lässt. Aspektivität bedeutet, dass Meinungen nicht einfach durch einen individuellen, subjektiven Akt in ihrem Wert bestimmt werden, sondern dass sie zum Ausdruck kommen und als etwas aufgefasst werden, was sich nur verstehen lässt, wenn weitere Hinsichten zugelassen werden. Bei Meinungen rechnen wir mit weiteren Aspekten, die sich nicht nur in der eigenen Hinsicht zeigen. Wir schließen sie nicht aus und wir schließen sie auch nicht in eine Subjektivität ein.

Die Vermutung, dass Meinungen in rein subjektiven Akten beschriftet und ausgezeichnet werden, versucht dem Umstand Rechnung zu tragen, dass Meinungen eine Offenheit zulassen, die dann mit Blick auf eine wie auch immer geartete Subjektivität zumindest provisorisch mit dem Mittel einer Deutung oder Wertung geschlossen wird. Sie übersieht jedoch, dass diese Offenheit erst einmal den Charakter der Erschließung verschiedener Aspekte gestattet und eine solche Offenheit nicht nur einfach die eigene Perspektive zum Ausdruck bringt, sondern auch andere aufruft. Eine Meinung gleicht in diesem Sinne nicht einer Verordnung, die durch Erlass gilt – auch nicht einem persönlich und subjektiv wertenden Erlass.

Stellt man die *Aspektivität der Meinung* in Rechnung, zeigt sich *das Meinen* eher als ein *In-Szene-setzen* (Hogrebe 2009, 37–76) und weniger als ein Bestimmen, Deuten, Bezeichnen, Fixieren oder Werten. In Szenen arrangieren sich Perspektiven, die keineswegs nur wertende sein müssen. Szenen sind keine schlichten, für sich bestehenden Faktoren, die das Meinen und die Meinung umgeben, sie sind auch keine einfach durchschaubaren und registrierbaren Kontexte, auf die man sich meist immer dann beruft, wenn man nicht mehr weiter weiß oder weiter wissen will. Szenen sind auch kein Ausdruck gesellschaftlicher Verhältnisse. Wir neigen zwar auch im Falle der Meinungen dazu, gesellschaftliche Konstellationen verantwortlich zu machen. Doch zuerst einmal sind in Szenen die Teilnehmer selbst verantwortlich.

In Szenen komprimieren und kreuzen sich teilbare Erfahrungen, die sich kaum mit dem spröden Ausdruck ›Intersubjektivität‹ verstehen lassen. Zu ihnen gehört nicht schlicht die Anwesenheit von Subjekten, sondern ein menschlicher Ausgleich von Nähe und Ferne, Präsenz und Virtualität, Leiblichkeit und Gegenständlichkeit sowie Vergangenheit und Zukunft, der sich immer neu ausbalanciert. In Szenen setzen wir uns nicht mit Subjekten auseinander, sondern mit Personen. Szenen stehen uns nicht gegenüber, sondern wir sind meinend darin engagiert, gehen aber auch nicht einfach in ihnen auf. Sie sind aber auch keine Spiele, etwa im Sinne von Wittgensteins Sprachspielen, wenn diese in einer zu einfachen Lesart auf ein Regel*be*folgen reduziert werden, anstatt das schlichte Regelfolgen in den Fokus zu rücken. Nicht in einem Regel*be*folgen, jedoch einem geteilten Regelfolgen zeigt sich in Szenen eine *teilnehmende Erprobung*. In Szenen wird exemplarisch etwas auf die Probe gestellt, wobei nicht immer ganz so klar ist, wie eine Prüfung letztlich genau aussehen kann.

Ein solcher Gestus, der hier als teilnehmende Erprobung verstanden wird, ist freilich dem Wittgenstein'schen Philosophieren im Ganzen alles andere als fremd. Man denke nur an Putnams Charakterisierung von Wittgensteins Philosophieren als ein »Streben nach einfühlsamem Verstehen von Lebensformen, denen er selbst nicht angehörte«. (Putnam 1997, 249) Wer seine Schriften

liest, wird bemerken, wie mühsam eine solche teilnehmende Erprobung auch sein kann. Man wird ein solches Denken wohl kaum
verstehen, wenn dieser Gestus ausgeblendet wird.

›Aspektivität‹ und ›In-Szene-setzen‹ beschreiben aber auch das,
was sich im Anschluss an Husserl als *intentional sich artikulierende
Lebenswelt* verstehen lässt. Im feuilletonistischen Sprachgebrauch
ist die Lebenswelt rhetorisch fast unter die Räder gekommen. Mit
ihr wird irgendetwas verbunden, was alltäglich, gewöhnlich und
selbsterklärend ist, aber meist auch gerade deshalb als mysteriös
verstanden und weggeschoben wird. (Bermes 2020b) Man muss
nicht alles teilen, was Husserl der Lebenswelt in der Philosophie
systematisch aufgebürdet hat, aber einiges wird deutlicher, wenn
Lebenswelt und Doxa sowie Lebenswelt und Intentionalität nicht
voneinander getrennt werden und wenn die Doxa als In-Szene-
setzen und teilnehmende Erprobung von Hinsichten verstanden
wird.

Dann auch lässt sich die *Intentionalität des Meinens und der
Meinung* prägnanter fassen. Es ist weniger das klassische Bild eines Pfeils, der auf eine Zielscheibe abgegeben wird, der eine solche Intentionalität verständlich machen könnte. Das Bild ist nicht
gänzlich untauglich, doch es gewinnt seine Relevanz meist nur im
Rückblick auf das, was Szenen allererst eröffnen. Die Intentionalität gleicht, wenn man ein anderes Bild suchen müsste, eher dem
Ausspielen einer Karte beim Skat, die erstens in sehr unterschiedlichen Hinsichten zum eigenen Blatt *und* zweitens zu dem mehr oder
weniger unbekannten Blatt der anderen passt – besonders wenn
man berücksichtigt, dass beim Skat zwei Karten für die Beteiligten
wiederum in verschiedenen Hinsichten bekannt und unbekannt
sind.

Man könnte natürlich anstelle von ›In-Szene-setzen‹ auch von
›Inszenierung‹ sprechen, doch dann wäre das Spektakel nicht weit
entfernt. Der Zirkus, der gerne um so manche Meinung gemacht
wird, verdeckt eher den grundlegenden Befund des In-Szene-setzens, das nicht immer in einer Show enden muss, wenngleich es
stets auf Performanz und Ausdruck angewiesen ist. Medien, ob
nun klassische oder moderne, lassen sich vor diesem Hintergrund
als Versuche einer Institutionalisierung des In-Szene-setzens und
als Bemühungen der Organisation von Aspektivität verstehen. Die

Chancen, aber auch die Gefahren sind dabei offensichtlich. Denn Medien können das In-Szene-setzen und die Aspektivität auf unterschiedliche Art und Weise korrumpieren. So machen wir etwa in Szenen sicherlich Unterschiede, welche die Beteiligten betreffen, doch keineswegs sind dies einfach Unterschiede, die sich mit der Kategorie von Macht oder Herrschaft beschreiben ließen, sondern Unterschiede, die sich aus der jeweiligen Szene und den Hinsichten selbst ergeben. Nicht jede Akzentverschiebung in einem Gespräch bedeutet eine Machtausübung.

Die einfache Vermutung, dass hinter der Meinung gleichsam ein wertendes Subjekt am Werk ist und die Zügel in der Hand hält, entpuppt sich bei näherem Hinsehen also nicht nur als eine allzu einfache Deutung eines überaus komplexen Befunds, sie ist ebenso mindestens in zweierlei Hinsicht zu voreilig. Denn die Subjektivität des Meinens lässt sich zum einen nicht auf ein wie auch immer geartetes Werten reduzieren, und sie lässt sich zum anderen nicht hinter der Meinung suchen oder gar finden, sondern in demjenigen, was als In-Szene-setzen bezeichnet wurde. Auch das Ausweichen auf eine Frage lässt sich als ein In-Szene-setzen mit dem Ziel begreifen, der Fülle der Aspekte auszuweichen, jedoch nicht jenseits derselben, sondern mit Bezug auf die Szene selbst.

3 Dass eine Meinung von Belang ist, fällt ebenfalls nicht unmittelbar und direkt zusammen mit der These, dass ein sprachlicher Ausdruck im Sinne der Semantik eine Bedeutung hat. Die Unterscheidung zwischen einer Meinung, die von Belang ist, und einem sprachlichen Ausdruck, dem eine Bedeutung zukommt, ist sicherlich eine recht verzwickte Angelegenheit. Denn Meinungen sind uns nicht als etwas bekannt, das in einem Absoluten jenseits der Sprache, in einem privaten und sprachunabhängigen Denken, angesiedelt werden könnte. Meinungen, wenngleich nicht immer bis ins Letzte sprachlich artikuliert, sind gleichwohl notwendig *für die sprachliche Artikulation offen*. Gleichwohl ist es nicht plausibel, dass die Frage nach der Bedeutung eines sprachlichen Ausdrucks identisch ist mit der Frage, von welchem Belang eine Meinung ist. Denn um die Bedeutung eines sprachlichen Ausdrucks zu explizieren, ist es notwendig, einiges über die Sprache, ihre Funktionsweise

und ihren Gebrauch zu sagen. Eine Bedeutungstheorie ist immer auch eine Theorie der Sprache.

Dies sieht bei der Doxa ein wenig anders aus. Im Falle der Beschreibung einer Meinung als Meinung ist natürlich auch die Sprache im Blick, doch der Fokus verschiebt sich. Um eine Meinung als Meinung zu verstehen, setzen wir auf ein Verständnis von komplexen Sinnbezügen, in denen eine Meinung als etwas Exemplarisches verstanden wird. *In und mit Meinungen kommt etwas Exemplarisches zum Ausdruck.* Um die Bedeutung sprachlicher Ausdrücke zu verstehen, benötigen wir eine Theorie der Sprache. Um die Bedeutsamkeit von Meinungen zu verstehen, sind wir auf ein Verständnis eigener Art angewiesen – *ein Verständnis des Exemplarischen, welches in einem In-Szene-setzen zum Ausdruck kommt und ein Panorama von Hinsichten eröffnet.*

Näher verdeutlichen lässt sich die Sachlage daran, dass im Falle des Meinens u. a. ein *exemplarisches Wissen* im Spiel ist. Bei der Beantwortung der Frage nach der Bedeutung eines sprachlichen Ausdrucks werden wir sicherlich auch Beispiele anführen, um die Bedeutung zu konturieren. Anhand der Beispiele erschließt sich die Semantik. Wenn es um die Semantik geht, sind wir jedoch nicht an dem exemplarischen Charakter des Beispiels interessiert, sondern daran, wie der sprachliche Ausdruck in dieser und in anderen Situationen benutzt wird oder werden kann und welches die Bedingungen der richtigen Verwendung sind – so komplex sie auch sein mögen und so unscharf die Ränder auch bleiben. Die philosophischen Optionen dafür sind vielfältig, sie reichen u. a. von Freges Überlegungen des Fassens eines Sinns über Wittgensteins Verständnis der Bedeutung als einem praktischen Regelfolgen bis hin zur Sprachpragmatik und weit darüber hinaus. Bei der Frage, ob es sich in diesem oder jenem Fall um eine Meinung handelt, werden wir jedoch in erster Linie verstehen müssen, ob die fragliche Aussage mehr ist als eine singuläre oder vereinzelte Bekundung. Wir werden uns auch nicht damit begnügen, was der sprachliche Ausdruck im Allgemeinen bedeuten kann. Es ist demgegenüber das Exemplarische an und mit einer Meinung zu verstehen – ob man etwa auf sie im Sinne eines Präzedenzfalls zurückkommen kann, ob sie als Vorbild verstanden werden darf oder ob sie ein illustrierendes Beispiel sein kann, und wenn ja, in welchem Sinne.

Das Beispielhafte und Exemplarische spielt in der Geschichte der Ästhetik und der philosophisch reflektierten Pädagogik, aber auch in der Erkenntnistheorie und Sprachphilosophie von der Antike über die Neuzeit bis zur Gegenwart eine entscheidende Rolle, wobei es zu nicht unerheblichen Sinnverschiebungen kommt. (Schaub 2010; Summa u. Mertens 2021) Beispiele kommen in den Blick, wenn nach der Vermittlung zwischen logischem und analogischem Denken gefragt wird und damit die »Logik und Rhetorik der Beispiele« zum Thema wird. (G. Gabriel 2013, 126 ff.) Arendt greift auf die »*exemplarische* Gültigkeit«, wie Kant sie in der *Kritik der Urteilskraft* mit Blick auf die Ästhetik diskutiert, zurück, um sie in der Politischen Philosophie neu zu verorten. (Arendt 2017, 118 f., 128 f.; Kant 1968b, 239) In der Diskussion der ›öffentlichen Meinung‹ (Kap. VI) werde ich darauf zurückkommen. Das Exemplarische hat in der Literaturwissenschaft ebenso seinen Platz (Willer 2004), wie es für die Rechtswissenschaft von Bedeutung ist. Lipps etwa greift 1931 die Unterscheidung zwischen Beispiel, Exempel und Fall nicht zuletzt mit Blick auf Rechtsfragen auf. (Lipps 1977) Das Exemplarische ist jedoch keineswegs auf diese Bereiche beschränkt. Im Gegenteil: *Eine Meinung als Meinung verstehen heißt, mit Exemplarischem als In-Szene-setzen unter den Bedingungen einer teilnehmenden Erprobung von Aspektivität umzugehen.* Eine Beschreibung des Exemplarischen erlaubt es mithin, die intentionale Struktur des Meinens und der Meinung zu veranschaulichen, so dass genau dasjenige, was bislang als teilnehmende Erprobung gefasst wurde, in ihren verschiedenen Facetten näher beschrieben werden kann.

4 Beispiele stehen in einem praktischen und kommunikativen Raum, sie werden dort platziert, man kann sie aufgreifen, weiterverfolgen oder auch liegen lassen. Das Exemplarische von Beispielen zeigt sich nicht daran, dass man sie – sicherlich eine metaphorische Rede – ›in den Köpfen‹ suchen könnte oder müsste. Sie entfalten ihre Funktion und Wirkung ›zwischen den Köpfen‹, indem ein Engagement zum Ausdruck kommt. In diesem Sinne sind Beispiele an denjenigen gebunden, der ein Beispiel gibt, doch sie sind nicht in dem Sinne subjektiv, dass sie als privat bezeichnet werden könnten. Natürlich kann man Beispiele imaginieren. Doch

zu dieser Imagination gehört, dass das Beispiel in einem Zusammenhang steht, der etwas anderes ist als der Fluss rein individueller Launen oder kapriziöser Eigenheiten. Das Exemplarische mag dabei *ungesättigt* sein, weil es nicht auf eigenen Füßen steht, sondern Situationen verlangt, in denen es als Beispiel funktionieren kann. Doch hierin wird man kaum einen Nachteil des Beispiels sehen wollen. Beispiele, so zeigt bereits eine erste Annäherung, sind ebenfalls durch Aspektivität und In-Szene-setzen ausgezeichnet.

Meinungen stehen ebenfalls in einem praktischen und kommunikativen Raum, der sich als Szene beschreiben lässt und dadurch ausgezeichnet ist, Gegenwärtiges und Mitgegenwärtiges in Balance zu halten. Auch mit Meinungen ist man in Situationen engagiert, sie sind weder bezuglos noch rein privat. Meinungen wie Beispiele stammen nicht nur von jemandem, sie stehen nicht nur für etwas, sondern sie realisieren sich immer auch in Konstellationen, in denen sie aufgegriffen werden können, wobei damit keineswegs gesagt ist, dass man sie sich zu eigen machen müsste. Denn auch die Ablehnung einer Meinung setzt voraus, dass man sich zu ihr verhalten kann.

Das *Feld des Exemplarischen* ist freilich weit und keineswegs eng begrenzt. Zum Exemplarischen zählen etwa die *Probe*, das *Vorbild*, die *Illustration* sowie die verschiedenen Möglichkeiten des *Falls* als *Vorfall*, *Einzelfall* und *Präzedenzfall*. Im Sinne des Exemplarischen sind wir mit dem Erstellen einer *Probe* als Muster, die für eine Menge gleichartiger Dinge beispielhaften Charakter besitzt, vertraut. In diesem Sinne werden etwa Proben aus Kaffeesäcken gestochen, um die Qualität der Kaffeebohnen der jeweiligen Lieferung zu bestimmen. Es werden Proben aus Gewässern entnommen, um daran den Zustand des Wassers zu erkennen. Und in einem ähnlichen Sinne nutzen wir Farbkarten als Muster, um herauszufinden, mit welcher Farbe beispielsweise das Zimmer gestrichen werden soll. Dabei setzen wir voraus, dass die Farbkarte eine Probe der Farbe ist, die ausgewählt und verstrichen wird.

Zum Exemplarischen zählt weiterhin das Verstehen eines Verhaltens als *Vorbild* für das eigene Handeln oder das Handeln anderer. In diesem Sinne nimmt man sich etwa ein Vorbild für die Verbesserung des Geigespielens bei jemandem, der das Spielen der Geige besonders gut beherrscht. Oder man sieht in einem Verhalten, das weniger gut gelingt oder keinem akzeptablen Ziel dient, ein negatives Vorbild, an dem man sich orientiert, um es anders zu machen. Die *Illustration* von etwas Abstraktem durch ein konkretes Beispiel zählt ebenso zum Feld des Exemplarischen. Das Abstrakte kann durchaus Unterschiedliches sein, etwa ein Genre, ein Begriff oder eine Weltanschauung. Am Beispiel der Erzählung *Katz und Maus* von Günter Grass lässt sich zeigen, was eine Novelle ist. Am Beispiel der Kupferstiche von Andreas Cellarius in der *Harmonia Macrocosmica* lassen sich die Weltbilder von Claudius Ptolemäus, Nikolaus Kopernikus und Tycho Brahe veranschaulichen. Und in einem ähnlichen Sinne visualisiert das Titelbild von Hobbes' *Leviathan* den Verfassungsentwurf eines neuzeitlichen Staates.

Zum Exemplarischen gehört außerdem der *Fall*, allerdings in mindestens drei unterschiedlichen Formen: als *Einzelfall*, *Vorfall* und *Präzedenzfall*. Der *Einzelfall* steht am Rand des Exemplarischen, da der Einzelfall als singulär verstanden wird und keine Anschlussmöglichkeiten eröffnet. Einzelfälle lassen sich auch meist erst im Rückblick als solche identifizieren, wenn beispielsweise ein kontinuierlich guter Schüler einmal in seiner Schullaufbahn eine Klassenarbeit mit einer außergewöhnlich schlechten Note erhält. Ein solcher Einzelfall steht am Rand des Exemplarischen und deutet die Differenz des Exemplarischen gegenüber dem Singulären an.

Anders sieht es beim *Vorfall* und beim *Präzedenzfall* aus. Der Fall im Sinne des *Vorfalls* ist eine Begebenheit, mit der man sich konfrontiert sieht, der man sich stellt und die strittig ist. Es ist der klassische Fall, der beispielsweise vor Gericht verhandelt wird und zu dem sich die beteiligten Parteien unterschiedlich positionieren. Der Vorfall wird verschieden wahrgenommen und er wird eingeordnet in ein System von Regeln und Bewertungen. Der *Präzedenzfall* wiederum ist ein Fall, in dem man mit einer Begebenheit eigener Art konfrontiert ist. Der Präzedenzfall mag zwar prima facie auch strittig sein, er wird jedoch nicht unter eine Regel subsummiert oder einer Regel gemäß verhandelt, er ist oder wird selbst Ausdruck einer Regel und geht damit in das System der Regeln ein. Man kann hier natürlich an Beispiele aus dem angelsächsischen Rechtssystem denken, in dem Präzedenzfällen eine konstitutive Rolle für die Rechtsprechung eingeräumt wird. Doch der *Präze-*

denzfall ist nicht auf die Sphäre des Rechts begrenzt. Man wird in der Malerei, der Literatur, der Technik oder in anderen Bereichen der Kultur ebenfalls Präzedenzfälle finden, die sich dadurch auszeichnen, dass in dem jeweiligen Beispiel eine neue Regel zum Ausdruck kommt, die das jeweilige Regelwerk nicht nur ergänzt, sondern auch neu justiert.

Die Unterscheidung zwischen Probe, Vorbild, Illustration, Vorfall, Einzelfall und Präzedenzfall kann durchaus erweitert und noch spezifiziert werden. Sie zeigt jedoch bereits, dass unser Umgang mit Meinungen an ein Verständnis des Exemplarischen anknüpft oder mit ihm einhergeht, insofern Meinungen und Beispiele als Erprobungen von Aspektivität in und durch ein In-Szene-setzen gefasst werden können.

Meinungen lassen sich ebenfalls als Probe von etwas und für etwas verstehen, wenn wir etwa an die Erstellung eines Meinungsbildes in einer Sitzung denken. Sie können ebenso als Vorbild verstanden werden, wenn in ihnen eine Position zum Ausdruck kommt, an der eine praktische Orientierung gewonnen werden kann. Als Illustrationen begegnen wir Meinungen, wenn ein abstrakter Zusammenhang konkretisiert veranschaulicht werden soll. Als Einzelfall tauchen Meinungen auf, wenn sie – zumeist von anderen – als singuläre Sonderlinge, als Einzelmeinungen, etikettiert werden. Auch hier zeigt sich, dass die Meinung als Einzelfall an eine Grenze führt. Denn eine Meinung als Einzelfall zu klassifizieren, bedeutet letztlich, sie aus dem Spiel der Meinungen herausnehmen zu wollen, indem sie keiner Szene mehr zugeordnet werden soll. Dies mag ein rhetorisches Mittel sein, doch es kennzeichnet keineswegs das ganze Feld des Exemplarischen. Wären nämlich alle Meinungen in einem strikten Sinne nichts anderes als Einzelfälle, dann wären sie so belanglos, wie auch eine Skatkarte als Einzelfall beim Skatspiel belanglos wäre.

Als Vorfall im Sinne des strittigen Falls sind uns Meinungen aus Kontroversen, Disputen und Streitgesprächen geläufig. In ihnen kommen Hinsichten zum Ausdruck, die einer Verhandlung bedürfen. Und mit Meinungen als Präzedenzfällen sind wir dann konfrontiert, wenn sie neue Anschlussmöglichkeiten eröffnen, indem sie selbst eine Regel für diese Anschlüsse darstellen. Im Präzedenzfall ist eine Meinung kein Beispiel für etwas, sondern ein Fall für sich, der über sich hinausweist und das Arrangement der Perspektiven im Ganzen trifft. Mit einer Meinung als Präzedenzfall erscheinen die Dinge und Sachverhalte in einem neuen Licht. »Die Schwierigkeit«, so bemerkt einmal Wittgenstein, und dies dürfte auch für Präzedenzfälle gelten, ist hier nicht, »die Lösung zu finden, sondern, etwas als die Lösung anzuerkennen, was aussieht, als wäre es erst eine Vorstufe zu ihr. ›Wir haben schon alles gesagt. – Nicht etwas, was daraus folgt, sondern eben *das* ist die Lösung!‹« (Wittgenstein 2008b, § 314)

Das Feld des Exemplarischen ist nicht nur komplex, es ist ebenso wenig klar gegliedert oder im Voraus festgeschrieben. Die Herausforderung der Doxa besteht gerade darin, mit den verschiedenen Möglichkeiten des Exemplarischen und den funktionalen Wandlungen, die eine Meinung in diesem Feld erfahren kann, umzugehen. Denn wenn auch Meinungen als Formen des Exemplarischen verstanden werden können, so ist nicht immer klar, welche Rolle ihnen im Einzelnen zukommt.

5 Beispiele sind treffend, mit Beispielen kann man danebenliegen und Beispiele haben Grenzen. Dies ist bei Meinungen nicht anders. Auch hier lässt sich von treffenden Meinungen sprechen, mit ihnen kann man ebenso danebenliegen und das Meinen hat auch seine Grenzen.

Es ist jedoch eine heikle Angelegenheit, wie das Treffende von Meinungen näher bestimmt werden kann, weil die Versuchung naheliegt, direkt von wahren oder falschen Meinungen zu sprechen und dabei das Wahre mit dem Treffenden und das Falsche mit dem nicht Treffenden zu identifizieren. Einer ähnlichen Schwierigkeit sind wir schon begegnet, als wir darauf hingewiesen haben, dass eine Bedeutungstheorie im Sinne einer Semantik eine eigenständige Explikation der Meinung als Meinung nicht ersetzen kann. Ähnlich sieht es hier aus. Meinungen sind offen für die Unterscheidung zwischen Wahrheit und Falschheit, doch sie werden in ihren Grenzen zunächst verständlich durch das, was man als *Angemessenheit* bezeichnen kann. Der Bezug zum Exemplarischen ist auch hier wieder offensichtlich. Im Fall des Beispiels ist es zuerst einmal nicht naheliegend, direkt und unvermittelt zu fragen, ob es sich um ein wahres oder ein falsches Beispiel handelt. Aber es ist durchaus nicht falsch zu fragen, ob Beispiele angemessen sind oder nicht. Die Beurteilung, ob eine Meinung treffend ist, verweist in diesem Sinne ebenfalls auf die Angemessenheit des Meinens und der Meinung, die sich vor dem Hintergrund des Exemplarischen erschließen lässt und dabei stets auf das In-Szene-setzen und die Aspektivität bezogen bleibt.

Das Konzept der Angemessenheit ist nicht nur eine klassische Kategorie der Rhetorik, auch und besonders in der Praktischen Philosophie spielt es eine entscheidende Rolle, wenn das richtige Handeln, wie etwa in der Tugendethik, als ein angemessenes Handeln beschrieben wird. (Asmuth 1992; Robling 2020; Schiewe 2016) Und natürlich hat die Angemessenheit auch in der Ästhetik ihren festen Platz. (Recki 2013) Nicht zu verwechseln ist Angemessenheit mit Korrektheit, zumindest nicht in dem Sinne von Korrektheit, wie er in der Kritik öffentlicher Diskussionen heute eine Rolle spielt. Denn die Korrektheit, die man von Meinungen erwartet, stellt meistens nichts anderes dar als die szenische und exemplarische Neutralisierung des Meinens. Wenn eine Meinung nicht mehr wie ein Beispiel herausfordert, mag sie korrekt sein, doch was an ihr von Belang ist, rückt in den Hintergrund. Wer ein historisches Beispiel dafür sucht, wird bei Platon fündig. Die Platonischen Dialoge spielen dieses Spiel virtuos. Meinungen werden auf die Probe gestellt, auf ihre Angemessenheit hin untersucht und danach befragt, welche Meinungen in welchem Sinne unter Beweis gestellt werden können. Von Korrektheit in dem heute üblichen Sinne ist hier wenig die Rede.

Angemessenheit als Form der Beschreibung des Meinens und der Meinung zu verstehen, bedeutet mithin, im Feld des Exemplarischen zwischen treffenden und nicht treffenden Meinungen so zu differenzieren, dass das In-Szene-setzen und die Aspektivität im Blick bleiben und nicht neutralisiert werden. Mit Angemessenheit ist damit nicht gesagt, dass nur uneingeschränkt geteilte Meinungen wirkliche oder eigentliche Meinungen sein können. Dann würden Meinungen ihren Charakter des Exemplarischen einbüßen und wären nichts anderes als Akklamationen.

Angemessenheit ist somit kein äußerliches Kriterium, an dem eine Meinung oder ein Beispiel gemessen werden. Für die Angemessenheit gibt es kein Messinstrument, wie es beispielsweise für das Wiegen der Zutaten eines Kuchens eine Waage gibt. Wir können uns mit Blick auf die Angemessenheit auch an keine Eichbehörde wenden, wenn die Grenzen unscharf werden, obwohl genau diese Versuchung naheliegt. Es handelt sich vielmehr bei der Angemessenheit um eine intrinsische Auszeichnung und Forderung der Praxis des Meinens oder der Praxis des Anführens von Beispielen. Diese Praxis und damit die Angemessenheit lässt sich nur näher über ihre Momente beschreiben, auf die wir zurückgreifen, wenn wir fragen, ob dieses Beispiel oder jene Meinung *mehr oder weniger* der Sache angemessen ist. Als solche Momente der Angemessenheit zeigen sich *Stimmigkeit, Adäquatheit, Evidenz, Verständigkeit* und *Tauglichkeit*. Sie sind im Spiel, wenn wir uns Klarheit darüber verschaffen, in welchem Sinne eine Meinung passend ist. Dabei zeigt sich schon jetzt, dass es im Falle der Meinungen nicht nur ein Entweder-Oder, sondern auch ein Mehr oder Weniger gibt. Sie können nicht nur auf eine Weise wahr oder falsch sein, sondern in verschiedenerlei Weise passend oder unpassend.

Als *stimmig* können Meinungen verstanden werden, wenn mit ihnen eine Beziehung zu der Person, die die Meinung zum Ausdruck bringt, ersichtlich ist und sich die Meinung in den epistemischen und praktischen Haushalt dieser Person einfügt. Unstimmige oder dissonante Meinungsäußerungen liegen vor, wenn dieser Bezug ausbleibt und die Meinung sich nicht in den Habitus personaler Stellungnahmen einfügt. Man spricht vielleicht dann von Ausrutschern oder Schnitzern, also von Stellungnahmen einer Person, die man ihr nicht ganz abnehmen oder ihr nicht richtig zuordnen kann. Derart kann man mit einer Meinung nicht nur daneben liegen, wenn sie selbst auf wackligen Füßen steht wie ein schlechtes Beispiel, sondern auch, wenn sie mit Blick auf die Person nicht mehr zuzuordnen ist.

Von der *Adäquatheit* einer Meinung kann man dann sprechen, wenn sie mit Blick auf die Situation, die Szene, in der sie eine Rolle spielt, betrachtet wird. Damit ist freilich nicht gesagt, dass Meinungen nur dann adäquat sein können, wenn sie den Ansichten anderer Teilnehmer entsprechen. Adäquatheit in diesem Sinne bedeutet vielmehr, dass Szenen auch widersprechende Meinungen als adäquate Meinungen zulassen, insofern es die Situation, nicht ein beliebiger Wille der Beteiligten, zulässt oder fordert. Der Austausch über die Qualität eines Fußballspiels lässt ebenso widerstreitende Meinungen als adäquate Sichtweisen zu wie auch die Frage, wie beispielsweise die doppelte oder mehrfache Staatsbürgerschaft geregelt werden kann. Inadäquat sind Meinungen dann, wenn die szenische Verortung ausgeblendet oder die Situation verfehlt wird. Mit einem guten Beispiel kann man in einem falschen Film sein, wie man mit einer verständlichen Meinung am falschen Platz sein kann.

Von *Evidenz* kann dann gesprochen werden, wenn Meinungen nicht als ein ›Daherreden‹ oder ›Dahinmeinen‹ verstanden werden, sondern die Sache in der Form ihres »Sich-selbst-gebens« und »Sich-selbst-darstellens« vorliegt. (Husserl 1963, 92) Man könnte von einem inevidenten oder undurchsichtigen Meinen sagen, dass ein Meinungsbewusstsein in dem Sinne fehlt, dass der exemplarisch gemeinte Sachverhalt nicht selbst gegeben ist. Ein blindes sich Anschließen an Gesagtes würde den Charakter des Exemplarischen aufs Spiel setzen, so dass das – wie man es auch nennen könnte – Triftige des Meinens und der Meinung keine Rolle mehr spielt. Zu der Evidenz wird auch zählen, dass nicht nur *mit* der Meinung etwas zum Ausdruck kommt, sondern es auch *in* der Meinung um etwas geht, was andere betreffen kann und zu dem wir uns reflektierend in Beziehung setzen können.

Verständigkeit qualifiziert die Meinung in dem Sinne, dass mit dem Meinen eine Offenheit dafür vorliegt, wie sinnvoll nach Wahrheit und Falschheit gefragt werden kann. Meinungen sind kein Freibrief, mit dem man das Privileg zugesprochen bekäme, sich von der Frage nach Wahrheit und Falschheit freikaufen zu können. Wir erwarten nämlich von demjenigen, der mit einer Meinung Stellung bezieht oder der eine Meinung äußert, dass er kundig darin ist, welche theoretischen und praktischen Horizonte im Spiel sind, in denen sich die Meinung bewähren kann. Verständigkeit meint freilich kein theoretisches Wissen um die jeweils exakte Bestimmung von Wahrheit und Falschheit des exemplarischen Meinens, aber eine Kenntnis um unterschiedliche Bewährungszusammenhänge und die darin sich ergebende Unterscheidung zwischen Wahrheit und Falschheit. Derjenige, der exemplarisch etwas meint, muss nicht alles wissen, doch er muss in der Lage sein anzugeben, in welchen unterschiedlichen Horizonten Wahrheit und Falschheit eine Rolle spielen. Unverständig ist in diesem Sinne derjenige, dem ein Horizontbewusstsein dieser Art fehlt oder abhandengekommen ist.

Tauglichkeit kann als ein fünftes Merkmal der Angemessenheit aufgefasst werden und bedeutet, dass Meinungen auch mit Blick auf ihre Konsequenzen hin betrachtet werden können. Untauglich sind Meinungen wie auch Beispiele, wenn die praktischen oder kommunikativen Folgen gleichsam die Meinung schlucken, wenn die Folgen des Meinens die Meinung selbst verdecken oder wenn die Meinung gleichsam aus der Hand gleitet und von den aufgerufenen Konsequenzen überrollt wird. Man redet sich um Kopf und Kragen, wenn nicht mehr die Meinungen, sondern die damit initiierten Folgen aus dem Ruder laufen.

Stimmigkeit, Adäquatheit, Evidenz, Verständigkeit und Tauglichkeit charakterisieren Angemessenheit unter Berücksichtigung des In-Szene-setzens und der Aspektivität. Sie qualifizieren insgesamt ein komplexes zwischenmenschliches Beziehungsgefüge, in dem eine Verbindlichkeit eigener Art, eine, wie man es nennen könnte, *schwache Verbindlichkeit* (Bermes 2019b), zum Ausdruck kommt. Eine derartige Verbindlichkeit ist in dem Sinne schwach, dass sie keinen externen und im Voraus fixierten Maßstäben unterworfen ist. Aber darum muss sie auch nicht weniger belastbar sein. Vielleicht ist dieses Spiel sogar robuster als so manches andere, weil ihm eine eigene Plastizität zukommt, die allerdings den Teilnehmern auch etwas abverlangt. Man muss keineswegs alles akzeptieren, jedoch vieles in einem solchen Meinungsgefüge auch aushalten können.

Diese Form einer schwachen oder prekären Verbindlichkeit ist alles andere als normativ indifferent, sie ist aber auch nicht moralisierend mit Zuckerguss überzogen. Man mag dies als eine Enttäuschung auffassen, da man vielleicht mehr erwartet. Wäre es nicht doch wünschenswert, eine eindeutige Handreichung, ein klares Rezept oder eine unmissverständliche Anleitung zu erhalten, wie man gute von schlechten Meinungen in *jeder* Situation unterscheiden kann, um sie feinsäuberlich in einem Handbuch festzuschreiben? Schon die Vorstellung daran muss jeden irritieren. Wer sollte dieses Handbuch schreiben, wo sollte man es verwahren und wie sollten Fehlhandlungen sanktioniert werden? Letztlich, und hieran kann eine »Rhetorische Ethik« (Robling 2020) anschließen, handelt es sich um eine positive Enttäuschung, weil wir es in der Hand haben, wenn es um die Angemessenheit von Meinungen geht, und zwar immer wieder von neuem. Alles andere wäre nicht nur fatal, wir würden uns auch der Meinungsbildung entledigen. Denn diese bräuchte man nicht mehr, wenn Bildung auf Anleitung reduziert wird.

6 Wir sind an Meinungen interessiert, weil sie von Belang sind – und es lässt sich hinzufügen: nicht obwohl, sondern weil sie als Meinungen unsicher sind. Die Unsicherheit ist keineswegs ein Makel des Meinens und der Meinung, wie die bisherigen Darstellungen zeigen, sie stellt vielmehr eine Herausforderung dar, sie adäquat zu verstehen und mit ihr umzugehen. Bei dieser Praxis der Doxa geht es keineswegs einfach um eine Elimination von Meinungen, so wie es beim Umgang mit Beispielen auch nicht darauf ankommt, Beispiele schon im Vorhinein auszuschließen. Man mag sich nur einmal eine solche beispiellose Welt vorstellen und dabei überlegen, welche menschlichen Praktiken dann überhaupt noch möglich wären.

Es stellt sich jedoch spätestens an dieser Stelle die Frage, ob eine solche Auslegung der Doxa nicht in Konflikt gerät mit der These, dass wir nur an Meinungen interessiert sind, *wenn sie unter den Bedingungen wissenschaftlicher Erkenntnis wahr sein können.* Man ist verführt, hier einen Grundlagenstreit mit dem Ziel vom Zaun zu brechen, dass man sich für eine der beiden Optionen entscheiden müsse. Entweder sind wir an Meinungen interessiert, weil sie von Belang sind, oder wir sind an ihnen nur interessiert, weil es möglich oder vorstellbar ist, sie wissenschaftlich als wahr zu beweisen. In solchen Prinzipiendiskussionen scheint nur noch die Parteinahme für die eine oder die andere Option möglich zu sein. Man sieht sich genötigt, zu entscheiden und sich auf eine Seite zu schlagen: entweder wissenslose Meinung oder wahres Wissen. Unsere gegenwärtige Debattenkultur scheint genau durch einen solchen Dualismus geprägt, der wie fast jeder Dualismus weniger in der Sache als in den Voraussetzungen gründet, unter denen man sich der Sache annimmt. Es stellt sich mithin die durchaus kritische Frage, ob die angeführte Alternative wirklich alternativlos ist.

Bei Kant scheint man auf den ersten Blick fündig zu werden, wenn von Meinungen im Horizont eines Wahrheitsbewusstseins in der *Kritik der reinen Vernunft* die Rede ist, da hier prägnant zwischen Meinen, Glauben und Wissen unterschieden wird. (Kant 1998, A 820 ff./B 848 ff.) Die Grundlage für diese Unterscheidung findet Kant im Meinen als einem *Fürwahrhalten*: »*Meinen* ist ein mit Bewusstsein sowohl subjektiv, *als* objektiv unzureichendes Fürwahrhalten. Ist das letztere nur subjektiv zureichend und wird zugleich für objektiv unzureichend gehalten, so heißt es *Glauben*. Endlich heißt das sowohl subjektiv als objektiv zureichende Führwahrhalten das *Wissen*.« Kants wegweisende Unterscheidung ist für das *Fürwahrhalten* einschlägig, wenn die Gültigkeit eines Urteils in Frage steht und es zumindest vorstellbar ist, dass es zu einer »Einstimmung aller Urteile, *ungeachtet* der Verschiedenheit der Subjekte unter einander« kommt, die in der Rechtfertigung des Urteils zusammenstimmen.

Der Kantischen Unterscheidung zwischen Meinen, Glauben und Wissen geht allerdings eine weitere Differenzierung voraus. Es handelt sich um den Unterschied zwischen dem, was Kant *Überzeugung* auf der einen und *Überredung* auf der anderen Seite nennt. Als eine Überzeugung zeigt sich das Fürwahrhalten, »wenn es für jedermann gültig ist, sofern er nur Vernunft hat«. Die Überredung ist demgegenüber ein bloßer Schein, »weil der Grund des Urteils, welcher lediglich im Subjekte liegt, für objektiv gehalten wird«. Die Dreiteilung Kants zwischen Meinen, Glauben und Wissen entwickelt sich mithin aus der Perspektive des Fürwahrhaltens und hinsichtlich dessen, was als eine Überzeugung oder ein Urteil verstanden werden soll. Davon unterscheidet sich das, was Kant als Überredung bezeichnet und was an dieser Stelle als bloßer Schein gefasst wird.

Es ist keine Subtilität, darauf hinzuweisen, dass der Kantischen Unterscheidung zwischen Meinen, Glauben und Wissen die Differenzierung zwischen Überzeugung und Überredung vorangeht. Denn wir finden auch bei Kant nicht einfach die These, dass Meinungen nur von Interesse sind, wenn sie auch wahr sein können. Denn Meinungen werden hier nicht nur hinsichtlich eines *Fürwahrhaltens* (Meinungen im Horizont von Überzeugungen), sondern auch mit Blick auf ein – wenn man es so nennen kann – *Da-*

fürhalten (Meinungen im Horizont von Überredung) zum Thema. Ganz einfach ist somit die Lage auch bei Kant nicht, wenn auch bei ihm klar ist, dass die Überredung *an dieser* Stelle als subjektiver Schein nur eine defizitäre Rolle spielt. Arendt wird sich in ihrer Auseinandersetzung mit Kant im Rahmen der Rehabilitierung der Doxa dementsprechend die *Kritik der Urteilskraft* heranziehen, um einen anderen Einstieg zu finden.

Denn eine Lösung für den vorausgesetzten Dualismus finden wir in der *Kritik der reinen Vernunft* nicht. Das Problem verschiebt sich eher auf eine andere Ebene, nämlich auf die Unterscheidung zwischen Überzeugung und Überredung. Die Frage bleibt also nicht nur im Raum, sie verschärft sich sogar, weil nun die Fronten rhetorisch aufgerüstet werden könnten, indem das Gerede (bzw. die Überredung) dem Wissen (bzw. der Überzeugung) gegenübergestellt wird.

Doch ist es wirklich eine derart irritierende Frage, oder handelt es sich vielleicht nur um einen Konflikt von Deutungen, die wir mit den beiden Optionen verbinden? Denn die Auslegung des Meinens hinsichtlich der Unterscheidung zwischen treffenden und nicht treffenden Meinungen in der Form der Angemessenheit hat natürlich die Wahrheitsmöglichkeit im Blick. Die Verständigkeit, die als ein Moment der Angemessenheit angeführt wurde, ist auf Wahrheitsmöglichkeit ausgerichtet. Und auch auf der anderen Seite stimmt es natürlich, dass wir durchaus auch an Meinungen interessiert sind, wenn sie als wissenschaftlich wahr bewiesen werden können, ansonsten könnten wir keine Hypothesen bilden, verstehen und prüfen.

Konzentrieren wir uns darauf, wie es um Hypothesen und Annahmen bestellt ist, reduziert sich die Distanz zwischen den beiden Thesen, so dass es möglich wird, dem Streit überhaupt erst eine Form zu geben. Zeigt sich doch, dass die Hypothese als ein weiterer Fall des Exemplarischen verstanden werden kann, mit dem wir umgehen müssen. Hypothesen können wahr oder falsch sein, und wir werden viel darin investieren, die Methoden der Prüfung von Hypothesen wissenschaftlich abzusichern. Doch wir haben an dieser Stelle ja nicht die Prüfung der Hypothesen im Blick, sondern das Augenmerk richtet sich auf die Bildung von Hypothesen. Von diesen lässt sich jedoch auch sagen, dass wir mit ihnen umgehen unter den Bedingungen des In-Szene-setzens als einer teilnehmenden Erprobung von Aspektivität. Denn eine Hypothese kann sich sicherlich als wahr oder falsch erweisen, doch wir werden keineswegs alle Hypothesen als Hypothesen zulassen, sondern nur diejenigen, die wir als angemessen begreifen. Was sollen wir mit der Annahme anfangen, dass das Meerschweinchen der Kinder jünger werden könnte, wenn das Uhrwerk der Küchenuhr umgebaut wird, so dass sie nun rückwärtsläuft? An welche wissenschaftliche Disziplin sollen wir uns mit dieser Hypothese wenden? Eine solche Annahme ist nicht deshalb problematisch, weil wir nicht so recht wissen, wie genau die Versuchsanordnung aussehen soll. Sie ist deshalb problematisch, weil wir doch recht eigenwillige Szenen *erfinden* müssten, in denen die Annahme als angemessen für eine *wissenschaftliche Untersuchung* erscheint.

Hypothesen lassen sich *in diesem Sinne* zum Feld des Exemplarischen rechnen. Es wäre jedoch ein Kurzschluss, versuchte man nun alle Fälle des Exemplarischen als Hypothesen zu verstehen. Wir treffen sicherlich auf Meinungen als Annahmen, doch keineswegs sind alle Meinungen Annahmen. Wittgensteins Überlegungen in *Über Gewissheit* setzen einem solchen Hypothesenuniversalismus Grenzen. Die Überzeugungen beispielsweise, dass die Erde lange vor unserer Geburt existiert hat oder dass Katzen nicht auf Bäumen wachsen, bedürfen keines wissenschaftlichen Beweises und keiner wissenschaftlichen Widerlegung, damit wir etwas damit anfangen können. Eigentlich fangen wir gar nichts mit diesen Überzeugungen an, doch sie gehören auf eine subtile Art zum Meinen als In-Szene-setzen – sozusagen als Bühnenarbeiter, die mit beteiligt sind, aber im Hintergrund bleiben und das Spiel am Laufen halten.

7 Zwei Überlegungen beschließen die Phänomenologie der Meinung. Sie betreffen zum einen eine Frage, zum anderen eine vielleicht landläufige Vermutung. Die Frage bezieht sich auf die Kritikmöglichkeit von Meinungen, die Vermutung besteht in einem Anspruch, der etwa lauten könnte: Man kann alles meinen.

Meinungen entziehen sich keineswegs der Kritik und sie lassen sich auch kritisch vorbringen. Dem Umgang mit Meinungen als In-Szene-setzen und teilnehmender Erprobung im Rahmen von

Aspektivität ist die *Revisionsmöglichkeit* eingeschrieben. Auf *diese* Weise etwas exemplarisch zu sehen, in *jener Hinsicht* beispielhaft etwas in den Raum zu stellen, eröffnet in eins und zugleich die Möglichkeit, es anders in den Blick nehmen zu können. Bereits die Überlegungen zur Angemessenheit von Meinungen zeigen, dass sie sich keineswegs der Kritik entziehen – und zwar in vielerlei Hinsicht. Denn:»Nicht alle Korrekturen unserer Ansichten stehen auf der gleichen Stufe.« (Wittgenstein 2008c, § 300)

An dieser Stelle lohnt es sich, auf eine Unterscheidung in der Art des Umgangs mit Kritik im Falle des Wissens und im Falle des Meinens zusätzlich hinzuweisen. Während wir bei Wissensansprüchen sinnvoll sagen können, dass Kritik zum Wissensanspruch gehört, weil die Möglichkeit der Widerlegung mit dem Wissensanspruch gegeben ist, handelt es sich im Falle der Meinungen weniger um eine Widerlegung, sondern eher um ein Entkräften. Auch zur Logik des Meinens zählt der Zweifel, er äußert sich jedoch auf eine andere Weise.

Wissensansprüche mögen sich auf sehr Unterschiedliches richten, sie können in den unterschiedlichsten Situationen erhoben werden und die Methoden der Prüfung wie auch die Instanzen, die als objektiv und als Maßstab bzw. Probierstein von Wissensansprüchen angesehen werden, sind alles andere als einheitlich. Doch die Form, in der sich ein Wissensanspruch artikuliert, ist vergleichsweise robust. Wir sprechen dann von einem Wissen, wenn der Zweifel logisch nicht ausgeschlossen ist, auf objektive Rechtfertigungsinstanzen Bezug genommen wird, ein Weg der Überprüfung angegeben werden kann, um zwischen Wahrheit und Falschheit zu unterscheiden. Dies mag eine vergleichsweise einfache Form sein, die noch durch andere Momente ergänzt werden kann, doch sie stellt ein recht tragfähiges Gerüst dar, das unser Wissen und die Möglichkeit, an Wissen Kritik zu üben, es in Zweifel zu ziehen, prägt.

Im Falle von Meinungen sind die Formen, wie Meinungen ihre exemplarische Kraft verlieren können, vielfältig. Denn wie Beispiele können Meinungen in den Hintergrund treten, sie können ersetzt werden, man kann sie auch auf ein Abstellgleis setzen. Meinungen lassen sich durch andere Meinungen aus dem Verkehr ziehen, ohne dass sie ›falsch‹ sein müssen. Oder Meinungen können auch liegen gelassen, nicht weiterverfolgt oder auf Abstand gehalten werden. Die Herausforderung der Doxa besteht auch darin, diesen verschiedenen Formen des Entkräftens von Meinungen Rechnung zu tragen. Man wird ein solches Entkräften nicht einfach in die Form der Kritik von Wissensansprüchen transformieren können. Aber man wird sie auch nicht immer einem gesellschaftlichen Machtspiel unterwerfen wollen. Eine Anthropologie der Meinung wird diesen Phänomenen eher Rechnung tragen können. (Kap. V)

Kann man alles meinen? Eine solche Frage gehört zu denjenigen Fragen, bei denen es wichtig ist, die verschiedenen Arten des Unsinns zu erkennen, die sich mit ihr verbinden. Man mag sich eine solche Bemerkung als eine rhetorische Frage vorstellen, etwa in einem Gespräch, bei dem der Gesprächspartner darauf insistiert, die Zügel in der Hand zu halten, und seinem Gegenüber mehr oder weniger belehrend das Wort verbietet. Dann sagt eine solche Bemerkung, die eher im Sinne einer Geste und nicht als eine informierende Aussage im Gespräch auftaucht, jedoch gerade keineswegs, dass man alles meinen könne, sondern das, was *jetzt* und *hier* als angemessen angesehen wird. Vielleicht wird man die Bemerkung aber auch als einen grundsätzlichen Imperativ verstehen wollen, der lauten könnte, man *solle* alles meinen dürfen. Ein solcher Imperativ mag verlockend sein, doch letztlich vermag er nicht zu überzeugen. Denn zumindest im Falle des Meinens ist das Sollen auf unser Können zurückbezogen und dieses zeigt sich in der szenischen Einbettung des Meinens und der Meinungen.

Will man die Frage, ob man alles meinen könne, nun doch als eine Aussage über die Wirklichkeit des Meinens und der Meinungen verstehen und nicht als einen praktischen Zug in strittigen Auseinandersetzungen, dann läuft sie leer. Sie erscheint so sinnvoll oder unsinnig wie etwa die Bemerkung, dass man alles glauben könne, an allem zweifeln dürfe und sich alles der Kritik stellen müsse. Hier ist es noch nicht einmal sinnvoll zu sagen: »Das mag sein, aber…« Denn solche Bemerkungen verfehlen grundsätzlich dasjenige, was wir unter Meinen und Meinungen verstehen, weil sie nichts anderes als die Neutralisierung des Meinens erfordern. Auch hier scheint die Rückbesinnung auf das Exemplarische hilfreich. Die Frage, ob man alles meinen kann, ist so unsinnig wie die Frage, ob es für alles ein Beispiel gibt.

V

ANTHROPOLOGIE UND MEINUNGSBILDUNG

1 In der Phänomenologie der Doxa ist das Exemplarische in den Blick geraten. Es hat sich als Schlüssel angeboten, um Meinen und Meinungen zu verstehen, ohne diese auf ein institutionalisiertes Wissen hin zu überspringen oder sie in die Abgründe einer beliebigen und schwankenden Subjektivität zu verdrängen. Mit Bezug auf die Logik des Exemplarischen ließ sich zeigen, was es bedeutet, in einem prägnanten Sinne von Meinen und Meinungen zu sprechen. Das Exemplarische erwies sich dabei selbst als ein Beispiel, um die Komplexität der Doxa zu verstehen. An diesem Leitfaden lässt sich nun noch einen Schritt weiter gehen, er führt dann allerdings in die Philosophische Anthropologie und eröffnet damit eine neue Perspektive für eine Philosophie der Doxa.

Anhand von Beispielen lässt sich einiges zeigen, mit Beispielen kann etwas in den Blick rücken, aufgrund von Beispielen können weitere Perspektiven aufgerufen werden – doch Beispiele selbst bleiben in einem ganz eigenen Sinne unentschieden. Ähnlich verhält es sich mit Meinungen. Auch sie zeichnen sich als Meinungen durch eine *Unentschiedenheit* aus, die im Folgenden allerdings noch genauer zu fassen ist, um Missverständnisse zu vermeiden. Es handelt sich im Falle des Meinens und der Meinungen jedoch nicht um eine ungetrübte, reine oder einfache Unentschiedenheit, sondern um eine *entschiedene Unentschiedenheit*. Genau darum sind Meinungen für die Philosophische Anthropologie, die die Frage stellt, wie angesichts einer ambivalenten Weltstellung des Menschen ein menschliches Leben geführt werden kann, von Interesse.

Mit der Philosophischen Anthropologie rückt die Auslegung des Meinens und der Meinung als etwas, das für uns von Belang ist, in den Hintergrund. In den Vordergrund schiebt sich die Frage, vor welche Herausforderungen die Doxa als entschiedene Unentschiedenheit das menschliche Leben stellt und welche genuin menschlichen Mittel zur Verfügung stehen, um mit einer solchen Spannung umzugehen. Die Anthropologie der Doxa lenkt die Aufmerksamkeit damit ebenso auf Fragen der Praxis und somit auf Fertigkeiten, die nicht einfach die Verschränkung von Entschiedenheit und Unentschiedenheit auflösen oder negieren, die es vielmehr ermöglichen, sie zu handhaben und zu arrangieren.

Nicht fern von dieser praktischen Dimension liegt die Frage nach der Meinungsbildung: Meinungsbildung allerdings nicht verstanden als gekonntes Management, als geschickte Verwaltung oder als geschäftige Organisation von Meinungen, sondern aufgefasst als eine Frage nach der Bildung im Sinne einer praktischen Verkehrsform des Menschen. Meinungsbildung fällt dann nicht zusammen mit einer intellektuellen oder technischen Kompetenzsteigerung, so dass es ausreichen würde, kognitive Wissensinhalte oder instrumentelle Fertigkeiten zu erlangen, zu vermitteln oder zu perfektionieren, um Meinungen wie auch immer zu produzieren und zu verwerten. Eine solche Kompetenzaufrüstung des Menschen mag für allerlei nützlich sein, nicht zuletzt für die Hersteller und Vertreiber der Instrumente selbst. Sie hilft jedoch nur wenig bei einer Meinungsbildung, die darauf baut, dass es zur menschlichen Lebenswirklichkeit selbst gehört, nicht schlicht Techniken der organisierten Meinungsverwaltung umzusetzen, sondern Praktiken des Umgangs mit Meinungen auszubilden.

Nicht nur die Meinungsfreiheit im Sinne des Zugangs zu Foren, Bühnen, Plattformen und Medien des Ausdrucks und der Artikulation ist ein schützenswertes Gut. Es ist ebenso die Meinungsbildung, die diesem Gut Wert verleiht. Ohne die Zwillingsschwester der Meinungsbildung bleibt die Meinungsfreiheit ein leeres Versprechen. (Hampe 2018, 35) Dies gilt besonders dann, wenn die Arenen und Spielfelder, in und auf denen Meinungsgefechte ausgetragen werden, sich vervielfältigen und die Treffsicherheit, mit der Meinungen zugeschrieben werden, auf dem Spiel steht.

Die Herausforderung der Meinungsbildung zeigt sich nicht zuletzt darin, dass Menschen auf eigene, alles andere als einfache Umgangsformen angewiesen sind, um mit entschiedener Unentschiedenheit umzugehen. Man denke etwa an die kleinen, allerdings überaus voraussetzungsreichen Fertigkeiten des Takts und der Contenance auf der einen, aber auch der Beständigkeit und der Standhaftigkeit auf der anderen Seite. Solche Fähigkeiten sind keine ›soft skills‹. Sie sind aber auch keine ›hard skills‹. Derartige

Unterscheidungen sind Erfindungen und im besten Fall nutzlos. In den meisten Fällen sind sie töricht und in vielen sogar schädlich. Die Fertigkeiten, um mit entschiedener Unentschiedenheit umzugehen, qualifizieren das menschliche Handeln im Ganzen. Sie lassen sich auch nicht per Zusatzzertifikat in einem Nebenfach erwerben, sie sind vielmehr ausschlaggebend für diejenige Parkettreife, die gefordert ist, wenn ein Umgang mit entschiedener Unentschiedenheit auf dem Spiel steht. Auch dies ist eine Frage nach der Bildung als einer »noch durch Erfahrung geschärfte[n] Urteilskraft«. (Kant 1968a, 389)

2 Dass Meinungen etwas mit der *menschlichen* Selbst- und Weltorientierung zu tun haben, ist offensichtlich. Man müsste viel aufwenden, um dies bestreiten zu wollen. Wahrscheinlich müsste man eine gänzlich andere Welt imaginieren, die dann aber wohl selbst wieder sehr menschliche Züge tragen würde.

Die Sinnressourcen, um Meinungen zu verstehen und sie zu handhaben, liegen in der menschlichen Lebensform, nicht außerhalb derselben. Mit Selbstverständlichkeit sprechen wir von Meinungen, wenn wir von Menschen sprechen. Die menschliche Wirklichkeit kann nicht verstanden werden, wenn nicht auch klar wird, welche Rolle Meinungen spielen. Was wir unter Gespräch, Kontroverse, Dialog, Debatte, Unterhaltung, Polemik, Beratung, Aussprache oder auch Verständigung, Erörterung, Befragung und Disput begreifen wollen, kommt nicht ohne Meinungen aus. Erst recht nicht, wenn Einschätzung, Erklärung, Statement oder Auffassung, aber auch Orientierung, Aufklärung, Umsicht oder Stellungnahme und Einstellung zum Thema werden.

Auf die Frage, ob Siri eine Meinung habe, erhält man im Dezember 2020 umgehend von dem sogenannten ›intelligenten Assistenten‹ die nüchterne Nachricht: »Hmm … Darauf habe ich keine Antwort. Gibt es etwas anderes, bei dem ich helfen kann?« Die anschließende Nachfrage, ob Siri wenigstens eine Ansicht zur Schließung von Kinos während der Corona-Pandemie habe, wird ›schlagfertig‹ von dem Algorithmus folgendermaßen ›beantwortet‹: »Ich weiß Dein Interesse an Politik sehr zu schätzen, aber dafür bin ich nicht programmiert. Das klingt nach einem guten

Gespräch mit einem Mitmenschen.« Man schmunzelt unweigerlich und kann sich fragen, ob wir selbst nicht gelegentlich unsere eigene ›Programmierung‹ vergessen haben.

Es käme uns aber auch merkwürdig vor, von der Meinung eines Schmetterlings zu sprechen, der an uns vorbeifliegt, auch wenn wir mit Recht – und dabei keineswegs anthropozentrisch – sagen können, dass *der Schmetterling* flüchtet, Nahrung sucht oder verletzt ist. Auch mag es durchaus naheliegen, von anderen Tierspezies zu sagen, dass ihr Zugang zur Wirklichkeit über Vorstellungen vermittelt ist oder zumindest Repräsentationen in der Wirklichkeitserfassung dieser Spezies eine Rolle spielen. In den vielfältigen, nicht selten hitzigen und teilweise auch voreingenommenen Diskussionen der letzten Jahre, wie animalisches Leben verstanden werden kann und welchen kognitiven Status solche Repräsentationen besitzen, wird diese traditionelle Fragestellung wieder umfassend erörtert.

Doch Repräsentationen und Vorstellungen sind keine Meinungen. Wir suchen nicht den Zoo auf, um zu erfahren, welche Möglichkeiten und Grenzen sich für die Realisierung von Partizipation in liberalen demokratischen Gesellschaften ergeben oder wie mit dem Wiederaufbau des Berliner Schlosses umzugehen ist. Der Grund, dies nicht zu tun, liegt nicht etwa in der Komplexität des Themas, sondern darin, dass wir hier nicht an Repräsentationen interessiert sind. Auch liegt es uns fern, einen Tweet zum Anlass zu nehmen, unsere Sicht der Dinge mit der des Haustiers zu vergleichen. Es ist uns allerdings keineswegs fremd zu sagen, ein Hund habe die Familienmitglieder ›vor Augen‹ oder auch ›präsent‹, wenn er auf sie in der Wohnung wartet. Sicherlich müsste hier – und dies ist keineswegs so einfach, wie es vielfach scheint – geklärt werden, was genau unter dem assoziationsreichen Begriff einer derartigen Präsentation als Repräsentation verstanden werden kann. Wenn allerdings und prima facie durchaus zuerst einmal nachvollziehbar von Repräsentationen oder Vorstellungen in solchen Fällen gesprochen wird, um sich Klarheit über das spezifische Verhalten keineswegs aller, jedoch bestimmter nicht-menschlicher Lebensformen zu verschaffen, dann spricht man *nicht* über Meinungen im Sinne eines Umgangs mit Exemplarischem als In-Szene-setzen unter den Bedingungen einer teilnehmenden Erprobung von Aspektivität, wie es im vorangegangen Kapitel zur Phänomenologie der Meinung dargestellt wurde.

Repräsentationen können sicherlich nachträglich enttäuscht oder bestätigt werden. Meinungen aber zeichnen sich dadurch aus, dass sie selbst – und keineswegs erst nachträglich – unter den Bedingungen des In-Szene-Setzens und der Aspektivität zum Ausdruck kommen *und dabei in der Schwebe* bleiben. Dies kommt Meinungen nicht im Nachhinein zu, sondern sie selbst sind in diesem Sinne ausgezeichnet. Die sicherlich immer wieder anzutreffende Versuchung, diese Unentschiedenheit zu überspringen, ist kein Gegenargument gegen die Unentschiedenheit der Meinung. Sie belegt sie eher.

Zur Meinung gehört somit eine *Unentschiedenheit,* die nicht einfach und nur besagt, dass eine Meinung wie eine mehr oder weniger klare, aber immerhin feststehende Erwartung zu einem späteren Zeitpunkt erfüllt oder enttäuscht werden kann. Zur Meinung gehört vielmehr eine Unentschiedenheit in dem Sinne, dass *mit* einer Meinung zugleich und in eins die Möglichkeit eröffnet wird, durch *eine andere Meinung* relativiert zu werden, damit Neues, Anderes, Verstecktes, Verborgenes oder auch Irritierendes, Befremdliches oder auch Ausgefallenes in den Blick gerät. Auch hier kann der Bezug der Doxa zum Exemplarischen einen Wink geben, um die Unterscheidung zwischen Repräsentationen und Meinungen zu klären.

Womöglich etwas zu sehr am Aperçu interessiert, jedoch durchaus pointiert veranschaulicht Heidegger die klassische Bestimmung des Menschen als *zoon logon echon* mit der gewitzten Wendung: »Der Mensch ist ein Lebendes, das Zeitung liest.« (Heidegger 2002, 108) Diese Bemerkung lässt sicherlich aufhorchen, sie könnte aber auch dazu verleiten, die Doxa einseitig und allein zu einem Problem medial vermittelter Kommunikation zu machen. Dies wäre zu eng, der wohl entscheidende Punkt würde verfehlt. Für unsere Zwecke einer Anthropologie der Doxa naheliegender ist es, das Griechische *zoon logon echon* als *zoon doxan echon* zu verstehen. Dann lässt sich auch sagen: *Meinungen sind eine Sache des Menschen.*

3 Damit ist die Tür zur Philosophischen Anthropologie als einem neuen, zumindest aber eigenständigen Bezugsrahmen eröffnet, um Meinen und Meinung zu erörtern. Doch die Einordnung der Doxa in die Philosophische Anthropologie muss auch irritieren. Sie liegt zwar nahe, doch disziplingeschichtlich wirkt sie ebenso befremdlich. Denn wird auch die Frage nach dem Menschen gewissermaßen professionell und ohne disziplinäre Scheuklappen oder dogmatische Voreingenommenheiten in der Philosophischen Anthropologie verhandelt, so erwartet man eine systematische Reflexion der Doxa allerdings nicht zwangsläufig im Kontext dieser Disziplin. Andere Optionen scheinen näher zu liegen.

Wird Meinung als Schein gefasst und von wahrem Sein unterschieden, bewegt man sich im Feld der Metaphysik. Ist von Meinen als einem kognitiven Akt die Rede, der als Paradigma für ein individuelles Erleben herangezogen wird, das nicht vertretbar und nur in einer Erste-Person-Perspektive nachvollzogen werden kann, ist die Philosophie des Geistes gefragt. Geht es um Meinungen, die als unsicher qualifiziert und einem sicheren Wissen gegenübergestellt werden, ist die Erkenntnistheorie herausgefordert. Versuchen wir das Meinen und die Meinung hinsichtlich der Frage nach der sprachlichen Bedeutung zu begreifen, sind Sprachphilosophie und Semantik gefordert. Sprechen wir von Meinungen, auf die wir uns entweder als geteilte Meinungen oder als strittige Meinungen in der Öffentlichkeit beziehen, sind Politische Philosophie, Soziologie und Kommunikationswissenschaften im Spiel. Und sind Meinungen ein Mittel, um etwas in einer wie auch immer gearteten Öffentlichkeit zu bewirken, beispielsweise ein politisches Ziel zu erreichen oder andere von Anliegen von besonderer Bedeutung zu überzeugen, dann wird die Rhetorik eine Rolle spielen.

Zuerst also scheint es eher abwegig, die Philosophische Anthropologie ins Spiel zu bringen, da die bereits vorliegenden Disziplinen gut gefüllte Antwortregister auf die genannten Fragestellungen offerieren. Und doch bleibt offen, ob das Verstehen von Meinungen als Umgang mit Exemplarischem als In-Szene-setzen unter den Bedingungen einer teilnehmenden Erprobung von Aspektivität tatsächlich in der Metaphysik, der Erkenntnistheorie, der Philosophie des Geistes, der Sprachphilosophie, der Politischen Philosophie oder der Rhetorik verhandelt wird. Eine solche Charakterisierung des Meinens und der Meinung, wie sie in den vorangegangenen Untersuchungen herausgearbeitet wurde, relativiert die disziplinären Grenzen und öffnet sich auf eine *Beschreibung des Menschen* (Blumenberg 2014) hin.

Aber auch umgekehrt, aus Sicht der Philosophischen Anthropologie, ist die Sache nicht so einfach, wie sie scheint. Die vergleichsweise junge Disziplin, die sich im ersten Drittel des 20. Jahrhunderts um die Konzeptionen von Scheler, Plessner und Gehlen bildet, in diesem Zuge ihre Autonomie und Selbstbegründung sucht, dabei aber auch keineswegs unumstritten ist, räumt den Meinungen kaum einen konstitutiven Platz ein. Denn der Ausgangs- und auch Sammlungspunkt der Philosophischen Anthropologie war ein anderer: *das Leben*. Plessners bekanntes Diktum aus dem Jahr 1928 legt beredtes Zeugnis davon ab: »Jede Zeit findet ihr erlösendes Wort. Die Terminologie des achtzehnten Jahrhunderts kulminiert in dem Begriff der Vernunft, die des neunzehnten im Begriff der Entwicklung, die gegenwärtige im Begriff des Lebens.« (Plessner 1981a, 37)

Und doch ist es nicht aus der Luft gegriffen, die Doxa als eine anthropologische Fragestellung zu diskutieren. Bereits die Überlegungen, wie sich Repräsentation und Meinung unterscheiden lassen, führen in das Zentrum der Philosophischen Anthropologie hinein, zu der immer auch die Frage gehört, wie sich Lebendiges und Nicht-Lebendiges unterscheiden und wie sich im Bereich des Lebendigen Differenzierungen treffen lassen, die sachlich begründet sind. Erst recht ist es die entschiedene Unentschiedenheit, die anthropologisch von besonderer Bedeutung ist, denn mit ihr sind Menschen nicht nur exklusiv konfrontiert, sie ergeben sich ihr auch nicht einfach nur duldend, sie stellen sich ihr und gehen mit ihr um.

›Leben‹ ist, wie Plessner es prononciert ausführt, sicherlich das *erlösende Wort* im Übergang zum 20. Jahrhundert für die Philosophische Anthropologie, vielleicht sogar auch noch heute. Die *Schlüsselwörter* dieser Disziplin sind jedoch ›Stellung‹ und ›Stellungnahme‹ bzw. ›Stellungnehmen‹. Will man die Philosophische Anthropologie nicht mit allen möglichen Vorannahmen von außen überfrachten – und die Frage nach dem Menschen bietet sich dafür wie keine andere an –, dann ist es ratsam, das Vorhaben weniger von außen zu bewerten als aus dem Maschinenraum der Philosophischen Anthropologie heraus zu begreifen. Und hier zeigt sich, dass die Philosophische Anthropologie zuvörderst als eine *Philosophie des Stellungnehmens* verstanden werden kann.

Fast beiläufig bemerkt Husserl einmal: »Alles Leben ist Stellungnehmen« (Husserl 1987, 56), um dann relativ zügig zur Praktischen Philosophie weiterzugehen. Plessner versteht die Stellungnahme des Lebendigen als Positionalität und expliziert das genuin menschliche Stellungnehmen im Rahmen einer ›exzentrischen Positionalität‹. (Plessner 1981a, 306 ff.) Mit Scheler und Gehlen wird die ›Stellung‹ für die Anthropologie titelfähig. Scheler beschreibt den Menschen vor dem Hintergrund seiner vitalen Verankerung und umweltgebundenen Situierung als ein Lebewesen, das einer Fernstellung möglich ist, und überschreibt seine Anthropologie entsprechend *Die Stellung des Menschen im Kosmos.* (Scheler 1995) Gehlens *Der Mensch* wird von ihm im Untertitel präzisiert mit *Seine Natur und seine Stellung in der Welt.* Es heißt dort programmatisch: Der Mensch »ist das stellungnehmende Wesen« (Gehlen 1993).

Wer Stellung bezieht, setzt sich in Distanz und baut zu der Distanzierung ein Verhältnis auf. (Bermes 2020a) Blumenberg, aus dessen Denken die Distanz nicht zu eliminieren ist, wendet dies anthropologisch, wenn er auf die Frage, wie der Mensch möglich sei, die pointierte Antwort gibt: »*durch Distanz*« (Blumenberg 2014, 570). Die »*actio per distans* als spezifisches Radikal des menschlichen Leistungskomplexes« (ebd., 575) kann kaum geleugnet werden, wenn das Stellungnehmen ernst genommen wird. Ihre Begründung kann sie jedoch nicht nur im Rekurs auf eine philosophisch aufgeklärte Biologie erfahren. Das ist zuvörderst das Projekt der Philosophischen Anthropologie des frühen 20. Jahrhunderts. Ihre Rechtfertigung zeigt sich ebenso in der Beschreibung des Menschen, die die Doxa in Rechnung stellt.

Meinen und Meinungen sind nicht nur als *teilnehmende Erprobung* und als *In-Szene-setzen* Stellungnahmen eigener, sicherlich auch grundlegender Art. Aufgrund des Aspekts der entschiedenen Unentschiedenheit zeigt sich ein Stellungnehmen, in dem sich eine Distanz eigenen Typs realisiert. Es handelt sich hier weniger um eine eindeutige, rigorose und immer klar markierbare Konfrontation oder Gegenüberstellung, in der zwei Pole reinlich geschieden werden könnten, sondern um eine *Stellungnahme auf Halbdistanz.* Aufgrund der entschiedenen Unentschiedenheit der Doxa begegnen wir nicht nur anderen Meinungen in *naher Ferne*, sondern auch den eigenen Meinungen in *entfernter Nähe.*

Wenn Plessner darauf hinweist, dass Reziprozität zwischen Menschen besteht, »nicht aber zwischen Tier und Menschen und nicht zwischen Tieren« (Plessner 1983b, 175), so ist es dieses Spiel der Reziprozität, das sich in Stellungnahmen auf Halbdistanz, für die die Doxa als entschiedene Unentschiedenheit einen Referenzpunkt darstellen kann, realisiert. Dank ihr, so lässt sich weiter ausführen, »leben wir nicht nur in einem Mit-, Gegen- und Füreinander« (Plessner 1983a, 288). Sie wird selbst als praktische Herausforderung zum Thema, indem die entschiedene Unentschiedenheit Formen des Umgangs notwendig macht, um nicht vorschnell Entscheidungen im Sinne eines Dogmas einfach zu postulieren oder sich einer bequemen Unentschiedenheit als Gleichgültigkeit zu überlassen. Ein Radikalismus der Meinungen gedeiht am besten, wenn die entschiedene Unentschiedenheit aufgelöst wird und Dogmen mit Apathie wetteifern.

Die Beschreibung der Meinung als eine Beschreibung des Menschen macht damit nicht nur auf die entschiedene Unentschiedenheit der Doxa aufmerksam, sondern gleichzeitig auf die Reziprozität als die grundlegende menschliche Option, die Stellungnahmen anderer zu vergegenwärtigen und im Spiel zu halten bzw. sich »an der Stelle jedes anderen zu denken« (Kant 1968b, 294/158) oder zu vermeinen. Die Gegen- und Wechselseitigkeit der durch die Doxa aufgerufenen Aspekte fordern eine praktische Vermittlung der Meinungen, die sowohl in naher Ferne als auch in entfernter Nähe gegeben sind und sich in der menschlichen Praxis als Bezugnahmen auf Halbdistanz realisieren. Ist eine solche Vermittlung, aus welchen Gründen auch immer, gestört, dann ließe sich in Anlehnung an die Seelenblindheit und die von Wittgenstein diskutierte Aspektblindheit (Cavell 2016, 586 ff.) auch von einer Meinungsblindheit sprechen.

4 Wird hier mit Blick auf Meinen und Meinungen von Unentschiedenheit gesprochen, so kann dies allerdings zu gehörigen
Missverständnissen führen. Das Phänomen der Unentschiedenheit
öffnet sicherlich die Frage nach Meinen und Meinung hin auf die
Philosophische Anthropologie, doch der Ausdruck ›Unentschiedenheit‹ ist alles andere als selbsterklärend. Sein Gebrauch ist
vielleicht sogar in diesem Kontext besonders vertrackt, weil sich
mit dem Konzept allerlei Schubladen öffnen, die schwer wieder zu
schließen sind. Daher lohnt eine Abgrenzung, um Fehldeutungen
so weit wie möglich zu vermeiden.

Ist von der Unentschiedenheit der Doxa die Rede, wird damit
nicht gesagt, dass Meinungen vage oder unscharf sind oder sein
können. Von ungenauen Meinungen spricht man auch seltener,
durchaus aber von ungenauen Formulierungen, unscharfen Orts-
angaben oder unpräzisen Spielanleitungen. Das ungenaue Ausmes-
sen eines Schranks lässt sich, wenn es zu Problemen führen sollte,
wiederholen, indem man es etwa aufmerksamer durchführt oder
aber ein detaillierteres Maßband benutzt. Die Unentschiedenheit
der Doxa lässt sich jedoch nicht durch Aufmerksamkeit oder einen
alternativen Maßstab aufheben oder gleichsam ›entschiedener‹ machen. Meinungen lassen sich zwar wie Beispiele deutlicher formu-
lieren, präziser artikulieren und auch konturierter vorstellen, aber
sie verlieren *als* Beispiele und *als* Meinungen dadurch nicht ihre
Unentschiedenheit.

Man könnte die Unentschiedenheit auch als Willensschwäche,
Wankelmütigkeit oder Unentschlossenheit verstehen wollen.
Doch damit werden vorwiegend psychische Phänomene des Mangels bezeichnet, die – sicherlich auf nicht immer einfache Art und
Weise – ausgeglichen werden können durch Entschlossenheit, Be-
harrlichkeit, Beständigkeit oder, was gar nicht so selten ist, einfach
nur durch schneidiges Auftreten. Die Unentschiedenheit der Doxa
meint auch keine prinzipielle Verweigerung, sich entscheiden zu
wollen, wie es beispielsweise der skeptischen Aoristie zugeschrieben wird. Denn das Meinen ist nicht besser, sondern schlechter
beschrieben durch ein ›Meinenwollen‹.

Ebenso ist Unentschiedenheit von einer vergleichsweise einfachen Zweideutigkeit zu unterscheiden. In diesem Fall sagt man
etwa, dass die jeweiligen Sachlagen, mit denen wir es zu tun haben,

komplexer sind und neben einer Vorderseite immer auch eine Rückseite zu berücksichtigen sei. Oder dass immer mehreren Parteien Gehör verschafft werden müsse, um einen Ausgleich herbeizuführen. Im Gegensatz zur Unentschlossenheit würde mit einer solchen Mehrdeutigkeit auf den ersten Blick nicht ein Mangel, sondern ein Übermaß an Optionen bezeichnet werden. Selbstverständlich lässt sich der Ausdruck Unentschiedenheit auch in diesem Sinne benutzen, doch letztlich wird auch hier ein Mangel zum Ausdruck gebracht, nämlich der Mangel, aus allerlei Möglichkeiten schließlich die passende Option auszuwählen oder aber einen neuen Standunkt zu finden, um mehrere Perspektiven zu versammeln.

Die Unentschiedenheit, von der jedoch in der Anthropologie der Doxa die Rede ist, ist kein Phänomen des Mangels, sondern zeichnet die Doxa in einem *positiven* Sinne aus. Die anthropologisch motivierten Überlegungen zielen genau auf diesen Punkt: Nicht trotz der Diagnose von behebbaren psychischen, praktischen oder kognitiven Defiziten, sondern angesichts einer konstitutiven Unentschiedenheit der Doxa, die als solche in der Schwebe bleibt, ein menschliches Leben führen zu können. Das bedeutet aber auch, dass Unentschiedenheit keineswegs als ein freigeistiges *anything goes* gefeiert oder existenzialistisch mit dem Pathos einer absoluten Wahl verkauft werden könnte. Beides sind letztlich nur Kapitulationen vor der Unentschiedenheit der Doxa, mit der man durchaus umgehen kann, ohne sich einem blinden Prozess auszuliefern oder sich in ihrem Licht mit letztlich doch eher schmaler Brust darstellen zu wollen.

Damit unterscheidet sich die Unentschiedenheit, wie sie hier benutzt wird, auch von dem Konzept der Unsicherheit, das in den klassischen Entwürfen der Philosophischen Anthropologie des frühen 20. Jahrhunderts eine besonders prominente Rolle spielt. Den Menschen als ein biologisch ungesichertes Lebewesen zu beschreiben, das kulturelle oder gesellschaftliche Sicherungen sucht und etabliert, mag durchaus nicht ganz falsch sein. Aber es ist mit Blick auf die Doxa eben auch nicht ganz richtig. Zumindest ist es nicht ausreichend. Mit der avisierten Sicherheit wird gleichsam zu viel versprochen, oder man erwartet zu viel von ihr. Denn die mit Meinungen gegebene Unentschiedenheit lässt sich nicht einfach ausschließen, wie man sich vielleicht missliebiger oder auch gefährlicher Dinge entledigt. Mit der Unentschiedenheit der Doxa gehen Menschen üblicherweise vorsichtiger und aufmerksamer um: Und zwar nicht einfach im Sinne eines Entsorgens wie in der sogenannten *Cancel Culture*, aber auch nicht mit einer duldenden Universalakzeptanz, sondern im Sinne von respektierenden Praktiken des Umgangs mit Meinungen auf Halbdistanz. Hierzu wird man sicherlich Diskretion und Unaufdringlichkeit zählen können, die ihrerseits ohne Gradlinigkeit und Verbindlichkeit nicht auskommen. Ohne solche subtilen Fertigkeiten des Meinungsmanagements wäre es auch kaum möglich zu verstehen, was es bedeutet, ein menschliches Leben zu führen. Denn wir managen ja nicht nur die Meinungen anderer im Licht der Unentschiedenheit, wir stehen ebenso vor der Aufgabe, mit unseren eigenen Meinungen angesichts der Unentschiedenheit umzugehen. Letzteres vergisst man vielleicht allzu schnell. Auch daran kann eine Anthropologie der Doxa erinnern.

Die Unentschiedenheit der Doxa, von der hier gesprochen wird, ist konstitutiv, jedoch nicht unbedingt. Da wir im Verkehr untereinander sowohl gegenüber den eigenen Meinungen als auch gegenüber denen anderer nicht neutral eingestellt sind, sondern im Meinen und der Meinung ein engagierter Bezug des In-Szene-setzens zum Ausdruck kommt, stellt sich die Unentschiedenheit als eine *entschiedene Unentschiedenheit* dar. Wenn auch Heidegger zu Recht darauf hinweist, dass die Doxa im Sinne einer Ansicht »eine gewisse Gleichgültigkeit« zu dem voraussetze, »worüber die Ansicht besteht«, und er der Doxa in diesem Sinne eine »*Indifferenz bezüglich des Seins*« zuschreiben kann (Heidegger 2002, 147 f.), so trifft dies nur eingeschränkt die Praxis der Doxa im menschlichen Miteinander, die ohne Szenen, in denen Menschen engagiert sind, nicht begreiflich werden kann. In der Praxis der Doxa steht man sich und anderen nicht vollständig anteilslos gegenüber. Die Pointe scheint eine andere, sie besteht in der grundsätzlichen Ambivalenz einer entschiedenen Unentschiedenheit. An etwas Anteil nehmen, das selbst unentschieden ist, markiert die Problemlage treffender und bringt die praktische Herausforderung der Doxa eher auf den Punkt. Ansonsten wäre nicht verständlich, dass es beim Meinen und der Meinung auch um eine teilnehmende Erprobung von Aspektivität geht.

5 Auf den Topos der entschiedenen Unentschiedenheit trifft man gelegentlich eher im Vorbeigehen und als Bonmot (Sloterdijk 2004, 881) oder terminologisch fixiert und variiert als ›entschiedene Unentscheidbarkeit‹ im Rahmen politikwissenschaftlicher Überlegungen, in denen dezisionistische Ansätze politischen Handelns zum Gegenstand der Diskussion gemacht werden. (Lembcke 2012) Der Form nach schließt jedoch die hier diskutierte entschiedene Unentschiedenheit an die von Plessner sogenannten anthropologischen Grundgesetze an, auf die seine philosophische Ausarbeitung der Frage nach dem Menschen führt.

Plessner listet drei Grundgesetze auf: 1. *Das Gesetz der natürlichen Künstlichkeit*, 2. *Das Gesetz der vermittelten Unmittelbarkeit* und 3. *Das Gesetz des utopischen Standorts*. (Plessner 1981a, 383–425) Die drei Gesetze entwickeln sich systematisch aus der exzentrischen Positionalität des Menschen, die Plessner virtuos in seinem Hauptwerk in Auseinandersetzung mit den Lebenswissenschaften als Spezifikum menschlichen Daseins erörtert. Wer menschliches Leben zu beschreiben versucht, wird nicht daran vorbeikommen, dass Menschen sich mit Werkzeugen, Instrumenten und Mitteln verschiedenster Art erst zu dem machen müssen, was sie sind. »Darum ist er von Natur, aus Gründen seiner Existenzform *künstlich*.« (ebd., 385) Es ist weiterhin im Auge zu behalten, dass unmittelbare Selbst- und Weltkontakte nie direkt zu haben sind, sondern sich auf Umwegen, über Vermittlungen, einstellen, wobei der Sprache eine besondere Bedeutung zukommt und die Kultur als Infrastruktur notwendig umwegiger Orientierung verständlich wird. Und es ist schließlich dem Befund Rechnung zu tragen, dass wir es im Falle des Menschen mit einem Lebewesen zu tun haben, das in einem ausgezeichneten Sinne der Transzendenz fähig ist, so dass er sich nicht einfach als Exemplar einer Gattung, sondern als einmalig und unvertretbar angesichts eines Absoluten erleben und verstehen kann.

Wenn hier von Gesetzen gesprochen wird, so lässt sich dies zum einen in dem Sinne verstehen, dass es sich um Standards der Beschreibung menschlichen Lebens handelt. Jede Charakterisierung der menschlichen Lebensform wird diesen Gesetzen Rechnung tragen müssen, um Einseitigkeiten und Reduktionismen vorzubeugen und um die Frage nach dem Menschen offen zu halten. Doch diese

Gesetze lassen sich auch als Grundsätze der Praktischen Vernunft lesen. (Bermes 2016) Dann sagen sie nicht nur aus, dass jede Beschreibung der menschlichen Lebensform diesen Gesetzen Rechnung tragen muss, wenn sie ihren Gegenstand nicht verfehlen will, sie fordern zugleich, dass das menschliche Handeln selbst unter den Bedingungen dieser Gesetze steht.

Für die entschiedene Unentschiedenheit als anthropologisches Spezifikum lässt sich dies ebenso sagen. Auch sie kann als eine Maxime der Beschreibung in dem Sinne verstanden werden, dass die Lebensform des Menschen von anderen Formen des Lebendigen vermittels der Doxa unterscheidbar wird. Die Erörterung, wie Meinungen und Repräsentationen unterschieden werden können, deutete bereits darauf hin. Mit der entschiedenen Unentschiedenheit wird darüber hinaus aber ebenso eine Bedingung zum Ausdruck gebracht, unter der die Praxis des Meinens und der Meinung steht. Und genau diese Praxis der Doxa führt zu dem, was Meinungsbildung in einem vielleicht nicht immer offensichtlichen, jedoch ebenso profilierten Sinne in anthropologischer Hinsicht auszeichnet.

Mit dem Begriff der Meinungsbildung verbindet man häufig allerdings anderes. Man denkt vielleicht an die Bereitstellung und Versorgung mit *Informationen* zu bestimmten Themen. Die Infrastruktur der Medien, angefangen von Bibliotheken und Verlagen bis hin zu Zeitungen sowie analogen oder digitalen Nachschlagewerken und einiges mehr wird man dazu zählen können. Hinzu kommen Nachrichten, die am Rande von institutionalisierten sowie abgesicherten Informationsaufbereitungen im alltäglichen Verkehr, ob nun im Gespräch zwischen Tür und Angel, auf der Straße, bei Festen oder per Twitter, für die Meinungsbildung herangezogen werden.

Ein anderer Gebrauch von Meinungsbildung betrifft die Organisation, Bündelung und Kanalisierung von *Interessen*. Auch hier wird man auf institutionalisierte Formen aufmerksam machen müssen, die von politischen Parteien über Nichtregierungsorganisationen bis hin zu Vereinen und Bürgerinitiativen reichen. Und ebenso manifestieren sich jenseits dieser eingeübten Strukturen Protestformen, in und vermittels derer Interessen zum Ausdruck gebracht werden sollen oder können.

Ebenso lässt sich von Meinungsbildung in dem Sinne sprechen, dass aus zerstreuten Meinungen »gebündelte Meinungen zur *öffentlichen Meinung*« unter den geeigneten kommunikativen Rahmenbedingungen entstehen. Derart »fokussierte Meinungen«, die von der Last der Entscheidung befreit sind, könnten dann so verstanden werden, dass sie in den entsprechend legitimierten Institutionen weiter behandelt werden, um eine institutionell abgesicherte Entscheidung herbeizuführen. (Habermas 1992, 437 ff.)

Schließlich kann man im Falle der Meinungsbildung auch an die Demoskopie und Meinungsumfragen denken. Auch hier würde die Problematik der ›öffentlichen Meinung‹ eine Rolle spielen, auf die im folgenden Abschnitt (Kap. VI) noch einmal zurückgekommen wird. Allerdings wäre hinsichtlich der Meinungsumfragen erst noch zu klären, ob und in welchem Sinne hier tatsächlich Meinungen eine Rolle spielen oder ob es nicht eher um die Lenkung öffentlicher Aufmerksamkeit geht. Dann würden Meinungsumfragen eher Bewertungsportalen gleichen. Das ist nicht ganz abwegig, wenn in Rechnung gestellt wird, wie mit Meinungsumfragen strategische Ziele verfolgt werden, so wie mit Bewertungsportalen auch ein gutes Marketinggeschäft gemacht wird.

Man kann diese Fälle zur Meinungsbildung zählen, doch eigentlich betreffen sie das Management von Informationen, das Bündeln und Organisieren von Interessen, den politischen Entscheidungsprozess und dessen Rahmenbedingungen oder das Rating von Einschätzungen. Gegen all dies ist nichts einzuwenden, doch es fällt nicht mit Meinungsbildung in einem konzisen praktischen Sinne zusammen, zumindest wenn der Begriff der Bildung als eine praktische Verkehrsform unter Menschen verstanden wird und die Komplexität der Doxa im Blick bleibt.

Mindestens drei Aspekte zeichnen dasjenige aus, was im Rahmen einer Philosophie der Doxa noch unabhängig von einem höherstufigen Konzept von institutionalisierter Öffentlichkeit in einem engeren Sinne als Meinungsbildung verstanden werden kann. Zum einen wird schlicht zur Meinungsbildung ein Verständnis dessen gehören, wie und in welchem Sinne überhaupt von Meinungen gesprochen werden kann. Ohne einen Begriff von Meinung wird Meinungsbildung ein recht ausschweifendes, zuweilen auch unergiebiges, nicht selten auch unerquickliches Projekt, das allen möglichen Zwecken dienlich sein kann. Es ist zwar eine intellektuelle Herausforderung, doch letztlich eine nicht allzu starke Forderung an die Meinungsbildung, ein Verständnis dafür zu entwickeln, was es mit Meinungen überhaupt auf sich hat.

Zum zweiten wird zur Meinungsbildung in einem engeren Sinne die Verständigkeit gehören, wie sie in der Phänomenologie der Doxa diskutiert wurde. (Kap. IV.5) Es handelt sich hier um die Offenheit für diejenigen epistemischen und praktischen Horizonte, in denen sinnvoll nach Wahrheit und Falschheit gefragt werden kann. Von demjenigen, der eine Meinung zu Grenzschließungen während einer Pandemie artikuliert, müssen wir nicht erwarten, dass er alle notwendigen gesetzlichen Grundlagen kennt oder dass er exakt die wirtschaftlichen Folgen berechnen könnte. Allerdings dürfen wir sehr wohl erwarten, dass er offen ist für eine weiterführende Verständigung in den Horizonten des Rechts, der Ökonomie und der Politik.

Drittens schließlich, und hierhin leiten letztlich die Überlegungen einer Anthropologie der Doxa, erfordert Meinungsbildung die Bildung und den Einsatz von Fertigkeiten im Umgang mit den eigenen Meinungen und denen anderer unter der Voraussetzung der entschiedenen Unentschiedenheit. Plessner, der 1924 mit seiner Schrift zu den *Grenzen der Gemeinschaft* die Verwerfungen zeitgenössischer Radikalismen in einer anthropologisch aufgeklärten, die Sozialpathologien fokussierenden Untersuchung diskutiert, bricht für diese Fertigkeiten wie kein anderer die Lanze. (Eßbach, Fischer u. Lethen 2002; Plessner 1981b, 95 ff.) Angesichts so mancher kommunikativer Eruptionen der Gegenwart, ob nun im öffentlichen medialen Shitstorm oder im gar nicht so privaten digitalen Mobbing, ebenso mit Blick auf die inzwischen wilden Praktiken der Meinungseinhegung einer *Cancel Culture*, aber auch der nicht minder impulsiven Gegenbewegungen dazu, gewinnt diese Schrift eine besondere Aktualität. Nicht zuletzt, weil die von Plessner beschriebenen Entwicklungen »einer technischen Welt« auch für die digitale Welt gelten.

Es ist auf der einen Seite der *Takt* unter Personen und auf der anderen Seite die *Diplomatie* zwischen Funktionsträgern, die jeweilig als »Kunst des Nichtzunahetretens« die Spannung von entschiedener Unentschiedenheit als gelingende Meinungsbildung qualifiziert. Meinungsbildung trifft somit nicht nur einfach die Meinungen, sondern auch die Meinenden selbst, die es mit dem Takt in der Hand haben, dass Auseinandersetzungen auf Halbdistanz nicht in einem Knockout und auch nicht in einem Spielabbruch enden. »Takt ist die Bereitschaft«, auf die »feinsten Vibrationen der Umwelt anzusprechen, die willige Geöffnetheit, andere zu sehen und sich selber dabei aus dem Blickfeld auszuschalten, andere nach ihrem Maßstab und nicht dem eigenen zu messen.« Im Takt liegt eine Finesse – oder, wie Plessner ausführt, »Zartheit« –, die ihn als das originäre Mittel ausweist, »den geselligen Verkehr möglich und angenehm zu gestalten, weil sie nie zu nahe noch auch zu ferne kommen lässt«. (Plessner 1981b, 107) Im Takt selbst verbinden sich Standhaftigkeit mit Aufmerksamkeit gegenüber Anderen, Verbindlichkeit mit Offenheit gegenüber opponierenden Ansichten sowie Fassung mit Aufgeschlossenheit gegenüber Neuem, aber auch Altem. Der Takt schützt auf der anderen Seite vor Engstirnigkeit, aber auch vor einem blinden Nachlaufen propagierter Meinungen. »Schonung des anderen um meiner selbst willen, Schonung meiner selbst um des anderen willen, ist der Rechtsgrund – so paradox es klingt – für die grundlosen Zwischenspiele unseres gesellschaftlichen Lebens, für das absolut Überflüssige, mit dem wir das bloß Erträgliche angenehm, spannend und reich gestalten« (ebd., 109).

Takt ist keine von außen verordnete Etikette, der man sich beugen müsste, er ist keine gekünstelte Manier, die schnell durchschaut wird, er ist ebenso wenig eine bloße Konvention, hinter der man sich verstecken könnte. Der Takt ist vielmehr ein »Stil im Handeln« (Recki 2013) und eine Auszeichnung einer aufgeklärten Meinungsbildung, die souverän mit entschiedener Unentschiedenheit umzugehen vermag, ohne die darin liegende Spannung zu leugnen. Hierzu wird man sicherlich auch noch Klugheit, Besonnenheit und Umsicht zählen müssen, aber auch diese werden sich kaum taktlos realisieren lassen. Eine solche Fertigkeit wird man auch nicht auf einzelne Lebensbereiche beschränken können. Sie ist keineswegs auf die Sphäre des Privaten beschränkt. Sie ist überall dort gefordert, wo Menschen mit entschiedener Unentschiedenheit umgehen müssen. Und sie ist geradezu zwingend, wenn Meinungsbildung nicht mit Identitätstherapie oder Sozialhygiene verwechselt werden soll.

VI

ÖFFENTLICHE MEINUNG UND EXEMPLARISCHE GÜLTIGKEIT

1 An der öffentlichen Meinung scheiden sich die Geister. Nicht nur ist die öffentliche Meinung ein Brennpunkt aktueller und hitziger Debatten, wenn es darum geht, politische Optionen zu rechtfertigen, mediale Deutungshoheiten zu erringen oder gesellschaftlichen Interessen verschiedenster Art Gehör und Durchsetzungskraft zu verschaffen. Das Konzept der öffentlichen Meinung selbst ist im höchsten Maße in den Sozial- und Kommunikationswissenschaften umstritten, aber auch im alltäglichen Verständnis ist es mit verschiedenen Sinnerwartungen besetzt.

Dabei kann aus dem Blick geraten, dass es auch im Falle von öffentlichen Meinungen um Meinungen, also um Exemplarisches, geht, so dass sich auch hier die Frage stellt, inwiefern öffentliche Meinungen *als Meinungen* zu verstehen sind. Gerade im Falle des Konzepts der öffentlichen Meinungen liegt die Versuchung nahe, direkt auf das Öffentliche oder auch die Öffentlichkeit zuzusteuern. Vielleicht neigt man bei dieser Begriffsverwendung zu der Vermutung, dass schon irgendwie klar ist, was ›Meinung‹ bedeutet, und es nur noch darauf ankomme, wie die Meinungen ›öffentlich‹ werden und wie aus den ›öffentlichen Meinungen‹ letztlich die ›öffentliche Meinung‹ resultiere.

Nicht nur die Karriere von Öffentlichkeit als einem Bezugspunkt gesellschaftlicher Verständigung, besonders mit der Implementierung des Ausdrucks in den ›öffentlichen Sprachgebrauch‹ seit dem 18. Jahrhundert, ist durchaus komplex (Gerhardt 2012; Habermas 1990; Hölscher 1979; Kuhn 2012; Schiewe 2004), auch die eher einfachere Rede vom ›Öffentlichen‹ ist nicht so eindeutig. Das Adjektiv ›öffentlich‹ wird alles andere als einheitlich benutzt, zum Teil überschneiden sich auch die semantischen Horizonte mit dem Bedeutungsfeld der Doxa (Kap. III.4). Es verbinden sich damit u. a. Bedeutungen wie ›zugänglich‹, ›bekannt‹, ›verbürgt‹, ›förmlich‹, ›vertraut‹, ›relevant‹, ›sichtbar‹ oder auch ›prominent‹ und vieles mehr.

Wird von einer ›öffentlichen Bibliothek‹, einer ›öffentlichen Lüge‹ oder ›öffentlichem Eigentum‹ gesprochen, wird man kaum sagen können, dass in allen diesen Fällen ›öffentlich‹ ein und dasselbe bedeute. Auch in der Rede von einer ›öffentlichen Person‹ dürfte mit ›öffentlich‹ etwas anderes verbunden werden als mit ›öffentlich‹ in ›öffentlicher Gesundheit‹. Mit ›öffentlich‹ wird sicherlich in diesen Fällen dasjenige – allerdings auf durchaus verschiedene Art und Weise – *profiliert*, auf das es sich bezieht. Doch mit ›öffentlich‹ wird das Bezugsobjekt nicht begrifflich *qualifiziert*. Eine öffentliche Lüge wird nicht vermittels des Adjektivs ›öffentlich' als Lüge qualifiziert, ebenso wenig wird eine Bibliothek in einem begrifflichen Sinne zu einer Bibliothek, wenn sie als öffentlich charakterisiert wird. Und vom Eigentum wird man nichts anderes sagen können. Auch öffentliches Eigentum, was immer man genau darunter verstehen mag, ist zunächst als Eigentum in einem begrifflichen Sinne ausgezeichnet – oder es handelt sich um etwas gänzlich anderes.

Nicht selten wird mit ›öffentlich‹ auch eine Wertung verbunden. So könnte man vielleicht darauf hinweisen, dass es besser sei, wenn ein Bild nicht im Fundus eines Museums liegen bleibe, sondern öffentlich ausgestellt werde. Abgesehen davon, dass man hier durchaus zu unterschiedlichen Ergebnissen kommen kann, da keineswegs immer alle Bilder oder auch jedes Bild ausgestellt werden müssten bzw. müsste, spricht man jedoch in diesem Fall in erster Linie darüber, in welchem Sinne das Museum als Institution seiner Aufgabe gerecht wird, Bilder auszustellen. Auf keinen Fall aber wird man in einem generellen Sinne sagen können, dass ›Öffentliches‹ besser sei als ›Nicht-Öffentliches‹. Denn eine öffentliche Lüge wird nicht dadurch besser, dass sie öffentlich ist. Und auch ein öffentlich ausgestelltes Bild wird durch die Präsentation in einem Museum kein besseres Bild.

Bereits dieses komplexe Panorama an Verwendungsweisen von ›öffentlich‹ kann verdeutlichen, dass es gar nicht so klar ist, in welchem Sinne ›öffentlich‹ im Zusammenhang mit Meinungen benutzt wird. Besonders prekär wird die Situation, wenn die traditionellen und eingeübten Differenzierungen zwischen einerseits ›öffentlich‹ und ›privat‹ sowie andererseits ›öffentlich‹ und ›verborgen‹ miteinander verschränkt und mit dem Konzept der ›öffentlichen

Meinung‹ verbunden werden. Dann entsteht tatsächlich ein Mysterium um die Rolle des Meinens und der Meinung, so dass beispielsweise vermeintlich private Meinungen als verborgene Meinungen (oder umgekehrt) mutmaßlich öffentlichen Meinungen als allseits zugänglichen und transparenten Meinungen gegenübergestellt werden. Wenn diese Konstellation dann auch noch als Wertung aufgefasst wird – meist in dem Sinne des Vorzugs der öffentlichen Meinungen –, sind die Konfusionen vorprogrammiert. Ein derartiges Mysterium scheint allerdings in nicht wenigen Diskussionen um die Funktion von ›öffentlichen Meinungen‹ vorzuliegen und zu Verwirrungen zu führen.

2 Die folgenden Überlegungen klammern solche Vorannahmen zunächst ein und gehen von dem einfachen Befund aus, dass auch öffentliche Meinungen zunächst als Meinungen verstanden werden müssen. Auch öffentliche Meinungen entziehen sich nicht dem Exemplarischen, im Gegenteil. Denn schließlich kommt in ihnen weder ein wissenschaftliches Urteil zum Ausdruck, noch begreifen wir öffentliche Meinungen als unbedingte Gebote. Es handelt sich um Meinungen, die aufgrund ihrer Kennzeichnung als ›öffentlich‹ nicht einfach im Sinne eines theoretischen Wissens eine Rolle spielen, so dass ›öffentlich‹ als Platzhalter für letztgültige Wahrheit oder Falschheit angesehen werden könnte. Es handelt sich ebenso wenig um Meinungen, die aufgrund ihrer Auszeichnung als ›öffentlich‹ zweifelsfreie Dekrete oder Vorschriften zum Ausdruck bringen, die etwa aus einem Räsonnement der praktischen Vernunft resultieren oder schlicht erlassen werden.

Im Falle von öffentlichen Meinungen sind wir demgegenüber an der *orientierenden Wirksamkeit von Exemplarischem* interessiert und damit immer auch daran, wie die *Verlässlichkeit* solcher Orientierungsoptionen *einzuschätzen* ist. Nicht trotz, sondern gerade aufgrund der entschiedenen Unentschiedenheit, die sich im Rahmen der Überlegungen zur Anthropologie der Doxa zeigte (Kap. V), gewinnt die Frage nach der Verlässlichkeit ihre Bedeutung. Neben den Differenzrastern von ›öffentlich‹ und ›privat‹ sowie ›öffentlich‹ und ›verborgen‹ ist es die Unterscheidung zwischen ›Paradigmatischem‹ (als ›allgemein‹) und ›Besonderem‹ (als ›beispielhaft‹), die im Falle des Verständnisses öffentlicher Meinungen eine Rolle spielt und damit letztlich auf die Urteilskraft verweist. Urteilskraft ist insbesondere dann vonnöten, wenn am Exemplarischen seine paradigmatische Bedeutung zum Problem wird und wenn am Exemplarischen seine Verlässlichkeit einzuschätzen ist.

Kant kommt in der *Kritik der Urteilskraft* verschiedentlich auf die ›exemplarische Gültigkeit‹ zu sprechen (Kant 1968b, 237/62, 239/67), die einerseits von einer rein theoretischen, andererseits von einer rein praktischen Notwendigkeit unterschieden ist. Hier diskutiert er die Sphäre, die zwischen theoretischer und praktischer Notwendigkeit angesiedelt ist, keineswegs aber als beliebig verstanden werden darf, da ihr eine eigene und nicht reduzierbare Form von Gültigkeit zukommt. Im Falle der exemplarischen Gültigkeit handelt es sich um einen Geltungsanspruch, der *am Beispiel gewonnen wird und nur verständlich werden kann, wenn überhaupt klar ist, was Beispiele bedeuten.* Oder mit anderen Worten: Es stellt sich hier die Frage, *wie nicht einfach das gegebene Besondere unter ein postuliertes Allgemeines fällt oder subsumiert wird, sondern wie am Besonderen seine Allgemeinheit im Sinne einer orientierenden Wirksamkeit als verlässlich eingeschätzt* werden kann.

Genau dies dürfte auch für die Frage nach der Rolle von ›öffentlichen Meinungen‹ von Relevanz sein. Im Falle öffentlicher Meinungen machen wir uns ein Bild von der exemplarischen Gültigkeit einer Meinung in ihrer orientierenden Wirksamkeit und in den Grenzen desjenigen, was Exemplarisches schlechthin bedeuten kann. Damit bleibt das Verständnis öffentlicher Meinungen auf die Doxa bezogen. Ohne einen solchen Bezug ließe sich nicht einschätzen, in welchen verschiedenen Hinsichten sinnvoll nach der Verlässlichkeit und der orientierenden Wirksamkeit gefragt werden kann.

Sich ein Bild von der öffentlichen Meinung zu machen, bedeutet somit auch immer, ihre ›exemplarische Gültigkeit‹ zu verstehen. Denn *mit* öffentlichen Meinungen lassen sich durchaus unterschiedliche – nicht zuletzt politische, aber selbstverständlich auch andere – *Interessen* verbinden. Doch diese Interessen laufen leer, wenn nicht auch verständlich wird, welche exemplarische Gültigkeit öffentlichen Meinungen überhaupt zukommt. Diese zeigt sich, wenn nicht ausschließlich die Frage gestellt wird, was *mit* öffentlichen Meinungen alles ›bewirkt‹ oder ›gemacht‹ werden kann, wozu sie jeweils implizit oder explizit ›benutzt‹ werden, sondern was es heißt, sich *an* Meinungen ein Bild *von* ihrem exemplarischen Charakter *als* verlässliche Orientierungsoptionen *in* den Grenzen der Doxa zu machen. Ohne eine solche intellektuelle Reproduktion, mit Kant könnte man auch von Einbildungskraft sprechen, gewinnen wir kein vollständiges Bild von öffentlichen Meinungen.

Gemäß diesen Überlegungen bleiben auch öffentliche Meinungen *an die Beschreibungsform der Doxa gebunden.* Diese These lässt sich durchaus auch gegenwartsdiagnostisch und zeitkritisch wenden: Eine Verständigung, die sich von den Vorannahmen leiten lässt, dass das Exemplarische im Falle der öffentlichen Meinung keine Rolle spielt, dass öffentliche Meinungen unabhängig von der Doxa ›existieren‹ und dass öffentliche Meinungen einer autonomen Logik unterworfen sind, läuft Gefahr, *im Namen der öffentlichen Meinung von einer meinungslosen Öffentlichkeit* zu sprechen.

3 Die Diskussionen um die öffentliche Meinung scheinen sich jedoch eher darauf zu fokussieren, was als ›Öffentliches‹ der öffentlichen Meinungen verstanden werden darf, weniger darauf, was das, wenn man es so nennen will, ›Meinungsgemäße‹ der öffentlichen Meinung ausmacht. *Die* Medien, *die* Gesellschaft oder *die* Kommunikation bieten sich in einer solchen Perspektive als diejenigen Instanzen an, die öffentliche Meinungen zu dem ›machen‹, was sie sind.

Auf Plessners immer wieder aufgegriffene Formulierung, dass jede Zeit ihr »erlösendes Wort« finde, wurde bereits im Rahmen der Philosophischen Anthropologie hingewiesen. (Kap. V.3) Die intellektuelle und geistige Infrastruktur des 18. Jahrhunderts, so sein Hinweis, richte sich an der ›Vernunft‹ aus, die des 19. Jahrhunderts an der ›Entwicklung‹ und die des 20. Jahrhunderts am ›Leben‹. (Plessner 1981a, 37) Für die sozialwissenschaftliche Forschung des 20. Jahrhunderts ist es die ›Öffentlichkeit‹ – mit ihren Vorläufern im 18. Jahrhundert sowie den Diskussionen um die Publizität – und in deren Gefolge die ›öffentliche Meinung‹, die die Funktion eines solchen Erlösungswortes übernommen haben.

Die Diskussionen seit Beginn des 20. Jahrhunderts in den Sozial-wissenschaften um Stellung und Funktion der öffentlichen Mei-nung, um ihre historische Genese sowie ihre Aussagekraft füllen Bibliotheken und werden heute so strittig geführt wie damals. (Sar-cinelli 2019) Ein ›erlösendes Wort‹ vermag sicherlich unterschiedli-che Diskussionen auf einen Punkt hin auszurichten, doch es wäre zu viel von *einem Wort* verlangt, wenn mit ihm die abschließende systematische und konzeptionelle Antwort gegeben wäre. Denn »erlösend wird ein Wort nur, wenn die Zeit sich zugleich in ihm ihre Rechtfertigung und ihr Gericht verspricht«. (Plessner 1981a, 37)

Die Beanspruchung der ›öffentlichen Meinung‹ in den Sozial- und Kommunikationswissenschaften hat allerdings auch dazu ge-führt, dass das Meinen und die Meinung, das Phänomen der Doxa, in seiner eigenständigen Bedeutung kaum noch zum Thema wer-den konnte. Die Doxa taucht in den strittigen Debatten um die öf-fentliche Meinung im Rückspiegel auf, bis sie in weiter Entfernung kaum mehr zu erkennen ist – übrig bleibt ein rudimentäres Bild von ihr. In der Retrospektive der öffentlichen Meinung erscheint die Doxa als privat, verworren, unaufgeklärt bzw. vorläufig und subjektiv beliebig. Bourdieu hat in seinen dezidierten Ausführun-gen zur öffentlichen Meinung im Kontext der Demoskopie, die an Deutlichkeit nichts zu wünschen übriglassen, darauf hingewiesen, wie die oder eine ›persönliche Meinung‹ in der Buchführung der Meinungsforschung gleichsam als ungedeckter Scheck Eingang findet. (Bourdieu 1993, 212 ff.; 2014, 620 ff.) Das Urteil, das er aus seinen Untersuchungen gewinnt, zeugt nicht einfach von Skepsis, die Tonlage ist eine andere. Ihm habe die Untersuchung der Praxis von Meinungsforschungsinstituten »dabei geholfen, der Auswir-kungen der Kluft zwischen den Intentionen des Befragers und den außerscholastischen Sorgen der Befragten bewusst zu werden«. Er erkennt darin nur noch ein Spiel des Scheins und des Täuschens von »Halbgebildeten«. (Bourdieu 2001, 77)

Unter den Bedingungen der Meinungsforschung ergibt sich so etwas wie eine abgekapselte ›persönliche Meinung‹, jedoch als eine Projektion oder Konstruktion. Ist man herausgefordert, auf Fragen etwas meinend zu antworten oder antwortend zu meinen, deren fragwürdiger Charakter mitnichten klar ist, deren Bewertung aus der Hand gegeben wird, deren Einordnung offenbleibt und von denen unterstellt wird, dass die Relevanz solcher Fragen selbsterklärend sei, dann verliert sich die Doxa in einem Bild der persönlichen Meinung, das in dieser Form nichts anderes als ein Zerrbild sein kann. Das Exemplarische der Doxa wird zum Spiel einer als allgemeingültig erklärten Interpretation.

4 Es ist kaum zu bestreiten, dass die öffentliche Meinung in den Verständigungsspielen moderner Gesellschaften den Rang eines *diskursiven Superlativs* eingenommen hat. Von ihr wird vieles erwartet, ohne aber immer genau zu wissen, was sie bedeutet oder bezeichnet. Nicht erst seit Tönnies' *Kritik der öffentlichen Meinung* (Tönnies 1923, 2002) ist die Diskussion darüber nicht abgerissen. Luhmann hat immer wieder deutlich gemacht, dass der Gegenstand der öffentlichen Meinung durchaus fraglich geworden ist (Luhmann 2000, 274 ff.; Luhmann 1974), doch an der Allgegenwart der öffentlichen Meinung, zumindest der steten Berufung auf dieselbe, kann kein Zweifel bestehen.

Wittgenstein spricht in den *Philosophischen Untersuchungen* an einer Stelle von einem »philosophischen Superlativ« als einem »Über-Ausdruck«, für den wir versucht sind eine »übermäßige Tatsache« zu suchen. (Wittgenstein 2006, § 192) Im Falle der öffentlichen Meinung sieht es ähnlich aus. Kommt sie ins Spiel, nimmt sie schnell die Rolle eines ›Über-Ausdrucks‹ ein, von dem man annimmt, dass ihm eine ›übermäßige Tatsache‹ entspreche. Die Suche danach scheint allerdings fortwährend enttäuscht zu werden, während die Sorge um die ›Macht‹ der öffentlichen Meinung unablässig steigt. Beides hängt miteinander zusammen.

Die öffentliche Meinung wird in Reden und Debatten aufgerufen, um politischen Entscheidungen Selbstverständlichkeit zu garantieren. Auf die öffentliche Meinung wird gezeigt, indem sie in Diagrammen dargestellt wird, wenn die Demoskopie ihre Ergebnisse präsentiert. Es wird nach der öffentlichen Meinung gesucht, indem sich Institute telefonisch nach ihr erkundigen oder aber ›Experten‹ die öffentliche Meinung präsentieren und kommentieren. An der öffentlichen Meinung wird gezweifelt, weil beispielsweise die Filterfunktion etablierter Medienformate ins Wanken komme, aber auch, weil man sich unter einem Druck der öffentlichen Meinung als ohnmächtig erfahre. In der öffentlichen Meinung wird die letzte Instanz einer funktionsfähigen gesellschaftlichen Kritik vermutet, während gleichzeitig gegen die öffentliche Meinung protestiert wird. Man sieht in der öffentlichen Meinung Meinungsführer am Werk, die an den entsprechenden Stellen unwidersprochen die Weichen der Meinungsbildung stellen. In den neuen Medien werden demgegenüber die befreienden und eigentlichen Formate der öffentlichen Meinung als ein nie enden wollendes Mitreden, Weiterleiten, Posten oder Retweeten vermutet. Gelegentlich wird im Namen der öffentlichen Meinung gesprochen, vielfach wird der öffentlichen Meinung misstraut.

Solche und ähnliche Diskussionen um Öffentlichkeit und Meinung, besonders um das Konzept der öffentlichen Meinung, werden in den verschiedensten Kontexten geführt, wobei die Grenzen zwischen den einzelnen Problemstellungen porös sind. Wird die öffentliche Meinung im weiteren Horizont des Politischen diskutiert, dann spielen Fragen der Legitimation, Partizipation und Repräsentation eine Rolle, die ihrerseits wiederum geklärt werden müssen. (Habermas 1992; Neidhardt 1994) Ist von der öffentlichen Meinung als einer weitestgehend unbeschränkten Möglichkeit der Meinungsäußerung die Rede, dann sind rechtliche Gesichtspunkte zu berücksichtigen, aber selbstverständlich ebenso Fragen, die die analogen oder digitalen Medien und Plattformen als Wirklichkeitsbedingungen dieser Möglichkeit betreffen. (Schwartländer u. Willoweit 1986) Und wird die öffentliche Meinung als ein Schlüssel zur Dechiffrierung von Gesellschaft verstanden, dann stellen sich nicht nur herausfordernde historische Fragen der Entwicklung von Öffentlichkeit als Gesellschaft oder von Gesellschaft als Öffentlichkeit (Gerhardt 2012; Habermas 1990; Hohendahl 2000; Hölscher 1979, 1986; Kuhn 2012), es stellt sich ebenso das Problem, wie zwischen Öffentlichkeit und Gesellschaft differenziert werden kann.

Die Blickrichtung, von der aus auf das Problem zugegriffen wird, ist in solchen Konstellationen vorgegeben: Im Ausgang von *der* Öffentlichkeit, von *dem* politischen System, von *den* Medien oder von *der* Gesellschaft, wie komplex und strittig dies alles auch im Einzelnen sein mag, wird Thema, was unter öffentlicher Meinung verstanden werden kann und welche Rolle ihr in diesen komplexen Systemen zukommen kann.

5 An der Relevanz dieser Diskussionen zu zweifeln wäre töricht, besonders dann, wenn Fragen der politischen Ordnung betroffen sind oder ein Verständnis davon gewonnen werden soll, wie politische Interessen kanalisiert bzw. ein- und umgesetzt werden. Allerdings ist es auch vor diesem Hintergrund keineswegs abwegig und erst recht nicht ausgeschlossen, nach den Standards zu fragen, denen öffentliche Meinungen *als Meinungen* unterliegen. Denn öffentliche Meinungen bleiben als losgelöste Meinungsgebilde Fragment, wenn sie nicht eingeordnet werden, wenn ihre Verlässlichkeit nicht eingeschätzt wird.

Hingewiesen wurde bereits darauf, dass Kant in der *Kritik der Urteilskraft* diejenige Sphäre diskutiert, die zwischen theoretischer Geltung und praktischer Verbindlichkeit angesiedelt ist. Und auch hier spielt die Frage nach der Verlässlichkeit eine entscheidende Rolle. Kant sieht sich mit der Aufgabe konfrontiert, wie sich am Kunstwerk ein verlässliches Urteil bilden lässt, »dessen Bestimmungsgrund *nicht anders als subjektiv* sein kann« (Kant 1968b, 203/4), das darum aber keineswegs beliebig oder willkürlich ist. In diesem Rahmen kommt er auf die ›exemplarische Gültigkeit‹ ästhetischer Urteile zu sprechen.

In ihren späten Ausführungen zum Urteilen greift Arendt diesen Gedankengang auf, um ihn für die Politische Philosophie zu nutzen und weiterzuentwickeln. (Arendt 2017, 118 f, 128 f.) Arendts späte Überlegungen blieben unvollendet, sie bieten Skizzen und Anregungen, die von hohem Wert sind, jedoch nicht bis ins Letzte ausformuliert wurden und auch auf durchaus unterschiedliche Art und Weise interpretiert werden. (Esser 2017; Herrmann 2019; Trawny 2006; Vollrath 1992)

Die Kantischen Überlegungen in der *Kritik der Urteilskraft* besitzen für das Exemplarische freilich eine besondere Bedeutung (Buck 1967), jedoch noch unterhalb der Politischen Philosophie und auch jenseits der Ästhetik. Denn seine Überlegungen, in der die Rolle des Exemplarischen in einem ganz eigenen Sinne diskutiert wird, die sich auch von den Überlegungen zum Exempel, die Kant andernorts anstellt, unterscheiden, münden darin, dass einem ästhetischen Urteil exemplarische Gültigkeit zukommt, insofern es als »Beispiel einer allgemeinen Regel, die man nicht angeben kann, angesehen wird«. (Kant 1968b, 237/62 f.)

Im Feld ästhetischen Urteilens haben wir es demnach mit *Exemplarischem zu tun, insofern das Exemplarische als paradigmatisch* eingeschätzt wird. Doch für genau diese Funktion des Paradigmatischen gibt es keine übergeordnete Regel, durch die – gleichsam als eine externe Interpretationsvorlage – das Exemplarische zum Paradigma erklärt werden könnte, sondern einzig die Idee eines Gemeinsinns als Ressource der Fundierung des Paradigmatischen. Nur unter der Voraussetzung eines solchen Gemeinsinns kann das Geschmacksurteil als exemplarisches seine paradigmatische Funktion entfalten. Das Geschmacksurteil ist derart ein durchaus spezifisches, es »*postuliert* nicht jedermanns Einstimmung«, denn dies kann nur ein logisch notwendiges und allgemeines Urteil. Es »*sinnet* nur jedermann diese Einstimmung an, als einen Fall der Regel, in Ansehung dessen er die Bestätigung nicht von Begriffen, sondern von anderer Beitritt erwartet«. (Kant 1968b, 216/26)

Diese Kantischen Überlegungen zur exemplarischen Gültigkeit entwickeln sich im Bereich ästhetischer Urteile, das grundsätzliche Problem aber ist weiter und öffnet sich hin zur Frage nach einem Verständnis öffentlicher Meinungen. Damit ist keineswegs gesagt, dass nun öffentliche Meinungen im Sinne und gemäß der Ästhetik diskutiert werden sollen. Doch die Ausgangsfrage ist eine ähnliche: In welchem Rahmen lässt sich die ›subjektive Allgemeinheit‹ öffentlicher Meinungen als orientierende und verlässliche einschätzen? Wird in diesem Sinne auf Kant Bezug genommen, dann liegt es nicht fern zu sagen, dass es sich bei öffentlichen Meinungen um Meinungen handelt, denen als exemplarische Meinungen eine paradigmatische Funktion zukommt. Doch genau diese lässt sich nicht durch eine zusätzliche Regel neu begründen, sondern nur insofern sie als Meinungen auf das Feld der Doxa bezogen bleiben.

Eine solche Überlegung weist – bei allen offenkundigen Differenzen, die nicht zu übersehen sind und keineswegs geleugnet werden sollen – durchaus Ähnlichkeiten mit einem bekannten Gedankengang Wittgensteins auf, der in Variationen in seinem Werk an verschiedenen Stellen zu finden ist und die Rolle des Musters, des Typus und des Paradigmatischen betrifft. (Schulte 1990, 11–42)

In den *Philosophischen Untersuchungen* kommt Wittgenstein darauf zu sprechen, was das Urmeter in Paris auszeichnet. (Wittgenstein 2006, § 50) Er stellt die Überlegung an, dass von dem Urmeter in Paris nicht sinnvoll gesagt werden könne, ihm komme die Eigenschaft zu, einen Meter lang zu sein, noch keinen Meter lang zu sein. Denn das Urmeter ist sicherlich ein Beispiel für die Metermaße, mit denen wir messen, doch *als dieses Beispiel* steht es *paradigmatisch* für die Spiele des Messens und Vermessens. *In diesen Spielen* kann es selbst nicht vermessen werden (was nicht bedeutet, dass es überhaupt nicht vermessen werden könnte). Denn das Paradigmatische lässt sich auf *diese Weise* nicht vermessen. Das Urmeter ist, um es wieder mit Kant zu sagen, ein Beispiel einer allgemeinen Regel, die selbst wiederum nicht zusätzlich als eigene Regel definiert werden kann. Dasjenige, worauf das Urmeter als Beispiel *paradigmatisch* verweist, *zeigt* sich in den Spielen des Messens und Vermessens.

6 In hohem Maße lohnenswert wäre es, die Überlegungen Kants in der *Kritik der Urteilskraft* zur exemplarischen Gültigkeit mit den Gedanken Wittgensteins, besonders in *Über Gewissheit*, weiter zu verfolgen und zu vertiefen – nicht nur im Hinblick darauf, welche Rolle Beispiele in Wittgensteins Philosophieren spielen, sondern auch mit Blick auf eine grundsätzliche Diskussion desjenigen, was Kant als ›exemplarische Gültigkeit‹ in der Ästhetik bezeichnet, was aber darüber hinaus ebenso in anderen Dimensionen der Selbst- und Weltorientierung eine Rolle spielt.

Hier will ich dies jedoch nicht weiterverfolgen, sondern die Hinweise so verstehen, dass mit öffentlichen Meinungen die Frage nach der exemplarischen Gültigkeit aufkommt, die nicht unabhängig von der Urteilskraft diskutiert werden kann. Öffentlichen Meinungen kommt eine orientierende Wirksamkeit zu, insofern sie gemäß ihrer Verlässlichkeit eingeschätzt werden. Die Schemata, unter denen jeweils Verlässlichkeit beurteilt wird, liegen in der Doxa, und wir gewinnen sie auch aus der Doxa. Es handelt sich um keine neuen Prinzipien oder Regeln, keine selbständigen Gesetze, sondern um dasjenige, was sich schon in der Phänomenologie der Doxa als Feld des Exemplarischen aufzeigen ließ und sich als Probe, Vorbild, Illustration, Vorfall, Einzelfall und Präzedenzfall darstellte. Werden öffentliche Meinungen zum Thema, ist einzuschätzen, was Verlässlichkeit in diesen verschiedenen Hinsichten bedeuten kann und wie Verlässlichkeit in diesen unterschiedlichen Hinsichten auch verfehlt werden kann.

Verweist Kant hinsichtlich der ästhetischen Urteile darauf, dass sie »als Beispiel einer allgemeinen Regel, die man nicht angeben kann«, angesehen werden müssen, so gilt dies auch für die Urteilsbildung mit und an öffentlichen Meinungen. Derjenige, so macht Kant deutlich, der ein Muster nachahme, zeige zwar »Geschicklichkeit«, wenn er es trifft, aber »Geschmack« nur dann, »sofern er dieses Muster selbst beurteilen« könne. (Kant 1968b, 232/53 f.) Und derjenige, so lässt sich daran anschließend sagen, der die orientierende Wirksamkeit von öffentlichen Meinungen erfasst, zeigt eine Fertigkeit, wenn er sie trifft, doch Urteilskraft kommt erst dann ins Spiel, wenn auch klar wird, wie die Verlässlichkeit einzuschätzen ist.

Diese Überlegungen lassen sich zumindest skizzenhaft in einem Bild veranschaulichen. Stellen wir uns jemanden vor, der eine Stadt besucht, die er noch nicht kennt. Der Besucher hat allerdings keinen Stadtplan zur Hand, so dass er einen Passanten fragt, ob nicht in der Stadt an einer markanten Stelle ein öffentlicher Stadtplan ausgehängt sei, damit er sich daran Orientierung verschaffen könne. Der Besucher erhält von dem Passanten die Antwort, dass in der Stadt leider keine Stadtpläne aushingen und auch alle Stadtpläne, die man kaufen könne, gerade ausverkauft seien. Doch es sei ihm dennoch möglich, Auskunft zu erteilen, weil er sich in der Stadt gut auskenne. Der Besucher, der sich nur von öffentlichen Stadtplänen Orientierung verspricht, müsste die Hilfe des Passanten ausschlagen. Denn allein von öffentlichen Stadtplänen, nicht aber von nicht-öffentlichen Hinweisen, was man wie in der Stadt finden könne, verspricht er sich Orientierung. Würde allerdings der Besucher der Ansicht sein, dass es im Falle von Orientierung nicht darum geht, dass die Pläne auf eine bestimmte Art und Weise ausgewiesen sind, sondern darum, dass es jeweils um einen kundigen Überblick über die Stadt geht, so könnte ihm der Passant bei der Suche durchaus hilfreich sein.

Dass an der Schilderung der ersten Option etwas nicht stimmen kann, liegt auf der Hand. Es zeigt sich daran, dass der Besucher in der Stadt den vorbeikommenden Passanten nach dem Weg zu einem öffentlichen Stadtplan fragt. Wenn er nun der Auskunft *nach dem Weg zu einem öffentlichen Stadtplan trauen, aber nicht der Auskunft nach Orientierung über andere Wege in der Stadt trauen würde*, so wäre dies zuerst einmal nicht nachvollziehbar. Denn die entscheidende Frage besteht darin, wie jeweils die Verlässlichkeit eingeschätzt wird. Und sowohl in dem einen als auch in dem anderen Fall kann es auch zu Täuschungen kommen. In beiden Fällen haben wir es mit Exemplarischem zu tun, in dem allerdings die paradigmatische Funktion auf unterschiedliche Art und Weise gegeben ist. Im Fall des öffentlichen Stadtplans eher als Probe oder Muster, im Fall der Auskunft eher als Illustration oder Vorbild. In beiden Fällen besteht die Aufgabe darin, die jeweilige Verlässlichkeit adäquat einzuschätzen.

7 Es hat sich bereits gezeigt, dass es ein überaus voraussetzungsreiches und auch reduktionistisches Unterfangen ist, das Phänomen der Doxa als ein innerliches Ereignis verstehen zu wollen. Meinen und Meinung, so zeigte sich bereits in der Explikation der Doxa (Kap. IV), lassen sich nicht ohne ein In-Szene-setzen und ohne Aspektivität erschließen. Schon die Beschreibung der Doxa kann demnach nicht einfach als eine öffentlichkeitsferne oder öffentlichkeitsfremde Beschreibung gelingen. Die herausfordernde Frage bezüglich öffentlicher Meinungen, so zeigen die Überlegungen, ist eine andere. Sie besteht darin, wie und unter welchen Bedingungen die Verlässlichkeit von öffentlichen Meinungen als Orientierungsoptionen eingeschätzt werden kann. Der Rahmen dafür liegt, wenn öffentliche Meinungen *als Meinungen* verstanden werden, in der Doxa, denn hier finden sich die Schemata, gemäß denen Verlässlichkeit (und damit immer auch Unzuverlässigkeit) beurteilt werden kann.

Die hier angestellten Überlegungen zur exemplarischen Gültigkeit öffentlicher Meinungen sind unterhalb der Erregungsschwelle so mancher hitziger Diskussionen angesiedelt. Hierzu zählt etwa die Frage, ob es *die* öffentliche Meinung im Singular überhaupt ›gibt‹ oder ob sie ein Phantasma sei, ob ein ›Meinungsklima‹ private oder individuelle Meinungen lenke, in welchem Sinne die Demoskopie einen Beitrag zur ›öffentlichen Meinung‹ leisten könne bzw. sie korrumpiere oder ob nicht die Entwicklung moderner digitaler Medienformate die öffentliche Meinung gefährde. Die eingehende Diskussion all dieser Fragestellungen setzt allerdings die Antwort auf die Frage voraus, ob öffentliche Meinungen als eine eigene Klasse von Meinungen mit einem unabhängigen Regelwerk verstanden werden dürfen. Genau dies hat sich als zumindest fragwürdig erwiesen.

Mit der These der ›Kolonialisierung der Lebenswelt‹ hat Habermas zu Recht darauf hingewiesen, dass in modernen Gesellschaften die über die Medien »Macht und Geld vermittelten Imperative von Wirtschaft und Verwaltung« in Bereiche der Lebenswelt eindringen und sie in ihrer Existenz bedrohen, wenn sie vom »verständigungsorientierten Handeln« entkoppelt werden. (Habermas 1985, 189) Ebenso lässt sich, und vielleicht heute mehr denn je, auch von den Gefahren einer *Selbstideologisierung der Doxa im Bild der öffentlichen Meinung* sprechen. Man sieht *an* der öffentlichen Meinung nichts mehr, wenn man nur noch in einem Abbild der öffentlichen Meinung gefangen ist und das Exemplarische sowie die exemplarische Gültigkeit öffentlicher Meinungen ausblendet. Auch wenn die Darstellungsformen, Medienformate oder Vermittlungsprozesse von Meinungen als öffentlichen Meinungen zweifellos einem Wandel unterworfen sind und sich vervielfältigen, so bleiben es doch Meinungen. Dies mag auf den ersten Blick ernüchtern, doch es bewahrt vor Illusionen, nicht zuletzt derjenigen, die relative Autarkie von öffentlichen Meinungen mit einer verbindlichen Autonomie zu verwechseln.

VII

UMWEGE OHNE AUSGANG

1 In Blumenbergs *Die Sorge geht über den Fluss* findet sich ein kleines Textstück mit dem knappen und schlichten Titel *Umwege* (Blumenberg 2017, 137–138), in dem Blumenberg von der Kultur zur Meinung und wieder von der Meinung zur Kultur führt. In nuce enthält es eine Überlegung, die als philosophisches Programm gelesen werden kann und Heideggers *Holzwegen* Paroli bietet. Wollte man dem Ansatz Blumenbergs einen Namen geben, so wäre es schlicht der einer Kulturanthropologie, die mit der Phänomenologie im Rücken und Cassirer sowie Gehlen zur Seite ihren Einsatz mit folgenden Worten findet: »Nur wenn wir Umwege einschlagen, können wir existieren. Gingen alle den kürzesten Weg, würde nur einer ankommen.«

Die *Holzwege*, so heißt es bei Heidegger im Vorspann zu seiner Schrift, »sind Wege, die meist verwachsen jäh im Unbegangenen aufhören«. Sie verlaufen »gesondert, aber im selben Wald« und gleichen einander, jedoch nicht für »die Holzmacher und Waldhüter«, denn sie »wissen, was es heißt, auf einem Holzweg zu sein«. (Heidegger 2003) Fast schon lakonisch annotiert Jaspers in seinem Dedikationsexemplar die Ausführungen mit folgendem Hinweis: »›Holzwege‹ heißen die Wege, die zum Abtransport von *geschlagenem* Holz, *nicht* zum Durchgangsverkehr dienen. *Holzwege* sind *nicht Waldwege*.« (Heidegger u. Jaspers 1992, 287)

Holzwege sind vor allen Dingen für das geschlagene Holz und Waldarbeiter Abkürzungen, auf keinen Fall würde man Umwege für den Transport nutzen wollen, die Kosten wären zu hoch. Dies ist im Falle der Kultur, worauf nun Blumenberg hinweist, anders: »Von einem Ausgangspunkt zu einem Zielpunkt gibt es nur einen kürzesten Weg, aber unendlich viele Umwege. Kultur besteht in der Auffindung und Anlage, der Beschreibung und Empfehlung, der Aufwertung und Prämierung der Umwege.« Auf den Umwegen der Kultur eröffnet sich die »Humanisierung des Lebens« im Unterschied zur Barbarei der Abkürzungen und der kürzesten Wege.

Die Kosten der Verkürzungen lassen sich nicht gegen den Wert der Umwege aufrechnen. Auf Umwegen erhält »die Intersubjektivität ihre Bedeutung über die Konstitution theoretischer Objektivität hinaus«, die Welt »bekommt ihren Sinn bestätigt, genauso wie die vielen, dass sie nicht nur wenige sind oder gar nur einer«.

Kultur im Sinne eines »Barbareiverschonungssystems«, wie Blumenberg es hier beschreibt, wird sich an Meinungen nicht vorbeimogeln können, wenngleich sie auf den ersten Blick durchaus auch Nachteile mit sich bringen: »Sie bestehen darin, dass jeder Weg als Umweg das Resultat einer ›Meinung‹ oder der Affinität zu einer solchen ist. Die Unversöhnlichkeit der Weltansichten ist ein Risiko, aber ein zureichend begründetes.«

2 Die Beschreibung des Meinens als Gelegenheitsarbeiter im Anschluss an die Überlegungen Wittgensteins und damit als eine kulturelle Tatsache eigener Art führte, um es mit den Worten Blumenbergs zu sagen, zu der »Auffindung und Anlage, der Beschreibung und Empfehlung, der Aufwertung und Prämierung der Umwege« im Namen der Doxa. Es ist freilich ein anderes Sprachspiel, das sich hier zeigte. Jenseits der Oberflächengrammatik, auf der so leicht, aber auch so leichtfertig Meinungen gegen Fakten oder Tatsachen gegen Meinungen ausgespielt werden, zeigt die begriffliche Infrastruktur der Doxa als Verschränkung des Meinens und der Meinung ein anderes Gefüge. Und wie es bei Gelegenheitsarbeitern der Fall ist, so ist es auch hier: Sie arbeiten auf eigene Rechnung und ihr Wirken ist riskant – doch sie arbeiten, und ihre Arbeit ist weder sinnlos noch überflüssig.

Die *Auffindung und Anlage* der Frage nach der Meinung zeigte sich im phänomenologischen Projekt Husserls als Rehabilitierung der Doxa. Die *Beschreibung und Empfehlung* führte zur Explikation der Doxa und damit ineins zu einer Reformulierung der Husserlschen Intentionalität als Umgang mit Exemplarischem in der Form eines In-Szene-setzens unter den Bedingungen einer teilnehmenden Erprobung von Aspektivität. Ohne die Kategorie der Angemessenheit und die sie auszeichnenden Momente der Stimmigkeit, Adäquatheit, Evidenz, Verständigkeit und Tauglichkeit wird eine solche Beschreibung kaum gelingen. Im Takt und in der Urteilskraft dokumentieren sich jeweils unter verschiedenen Hinsichten *Aufwertung und Prämierung der Doxa.* Letzteres war insbesondere Thema mit Blick auf die exemplarische Gültigkeit öffentlicher Meinungen, da sich hier die Frage nach der Verlässlichkeit stellt, die selbst wiederum nicht unabhängig vom Exemplarischen und seinen Facetten angegangen werden kann.

Man könnte gegen ein solches Projekt einwenden, dass ihm vielleicht eine Portion Ideologiekritik guttun würde. Denn sind die Meinungen nicht schon immer durch ein Meinungsklima oder von der herrschenden Meinung geprägt? Wenn unter dem Topos der Ideologiekritik nichts anderes verstanden wird als das Räuber- und Gendarmspiel einer Ideologie mit der anderen, das unter verschiedenen Flaggen segelt und beispielsweise aktuell auch um die oder eine *Cancel Culture* aufgeführt wird, so wäre nichts gewonnen. Im Gegenteil, auf dem Rücken einer *Cancel Culture* käme es zu nichts anderem als einem *Culture Cancelling.* Das Vorhaben einer Rehabilitierung der Doxa erweist sich im Gegensatz dazu selbst als ein ideologiekritisches. Nichts schützt mehr vor Ideologien als die Prämierung der Umwege.

Sicherlich wird man auch darauf hinweisen können, dass im Falle von Meinungen das Überzeugen, Begründen oder Rechtfertigen eine Rolle spielen müsse. Dies ist richtig, doch eine Philosophie der Doxa steht dem keineswegs im Wege. Denn es ist nicht nur zu bedenken, in welchen Kontexten wir welche Rechtfertigungen überhaupt erwarten können. Es ist ebenso im Blick zu behalten, dass Begründungen nicht ohne eine Überlegung zur Verlässlichkeit auskommen. Und die Logik des Überzeugens und Rechtfertigens ist nicht von ihren Zwecksetzungen zu trennen. Nicht zuletzt besteht das Interessante an Begründungen auch darin, was unter welchen Umständen nicht begründet wird oder werden muss.

So wie es sicher richtig ist, die vorgestellten Überlegungen mit Blick auf Fragen des Wissens und der Wissensformen, besonders auf deren verschiedene Teleologien, weiter detailliert zu diskutieren, so ist es auch richtig, sie auf Fragen der Kulturphilosophie auszuweiten. Beides war hier nicht zu leisten, es stand auch nicht im Fokus. In beiden Fällen wäre dann etwa auch zu fragen, wie sich Wahrheitsansprüche beispielsweise zu kognitiven und praktischen Gewissheiten (Wittgenstein 2008c) verhalten oder in welchem Verhältnis sie zu Vorurteilen stehen. Denn so wie sich nicht einfach alle Vorurteile in der Form einer »Pauschalforderung« (Gadamer 1999, 280) überwinden lassen, so lässt sich auch nicht die Doxa einfach aus der Welt schaffen. Diese und weitere Fragestellungen in diesem Kontext sind noch einmal eigens zu bearbeiten.

3 Die gegenwärtige Debattenkultur zeichnet eine gewisse Kulturlosigkeit in dem Sinne aus, dass sie unter einem fortwährenden Entscheidungsdruck geführt wird. Man gewinnt den Eindruck, dass Debatten einzig dem Ziel dienen, Entscheidungen herbeizuführen, wie etwa eine Preisverhandlung zum Kauf bzw. Verkauf eines Produkts führt. Ein nicht unwesentlicher Aspekt der Überlegungen zur Doxa kann auch darin bestehen, Öffentlichkeit wieder als einen Raum zu denken, in dem sich am Exemplarischen Aporien verschiedener Art zuerst und zunächst einmal zeigen. Die verschiedenen gesellschaftlichen Institutionen werden nicht ohne je spezifische Entscheidungen auskommen, doch Kultur ist weder ein Ort der Alternativlosigkeit noch der Beschlussfassung, sondern der einer Aporieoffenheit jenseits von Beliebigkeit und Willkür. Dies muss man nicht etwa ertragen, damit kann man umgehen.

Zum guten Ton der Zeitkritik gehört es, zu Meinungen auf Distanz zu gehen. Führt ein solches Vorhaben jedoch dazu, dass das Konzept der Meinung gänzlich verworfen werden soll, dass Kommunikation, Praxis, Orientierung, Verstehen und Begreifen sich in einer meinungslosen Welt realisieren sollen, dann verliert das menschliche Spiel der Distanzierung seine Spielregeln. Die populären Gegenüberstellungen von Meinung und Faktum oder Tatsache und Meinung können ihr relatives Recht behalten, wenn nicht nur klar ist, was das Wissen um Tatsachen und Fakten bedeutet, sondern wenn ebenso deutlich wird, was Meinen und Meinung als Doxa bedeutet oder bedeuten kann. Ohne eine solche Klärung entlarven sich die schlagwortartigen Differenzierungen selbst als Verkürzungen und damit als Populismus, freilich als ein Populismus in gänzlich neuem Gewand. Es werden Ausgänge versprochen, wo letztlich nur weitere Umwege zum Ziel führen.

Meinungen werden weder auf Rezept verschrieben noch à la carte bestellt, sie unterliegen keinem gesetzlich geregelten Rückgaberecht, ebenso wenig liegen sie im medialen Baumarkt im Regal. Doch dies heißt keineswegs, dass sie beliebig sind. Denn nicht nur von Wissensansprüchen dürfen wir mit Recht erwarten, dass sie Bedingungen genügen, auch Meinungsansprüche unterliegen Bedingungen, jedoch eigenen, die sich vom Exemplarischen erschließen lassen und bis zur Urteilskraft führen. Es ist eine Illusion zu glauben, man könnte alles meinen, was man meinen will. Es ist aber auch ein Mythos zu denken, man könnte sich jenseits der Doxa eine Meinung bilden.

LITERATUR

Aguirre, Antonio (2010), ›Edmund Husserl. Idealisierung und Doxa‹, in: *Phänomenologische Forschungen*, (2010), 167–190.

Arendt, Hannah (1994), *Zwischen Vergangenheit und Zukunft. Übungen im politischen Denken I*, (München / Zürich: Piper).

– (2002), *Denktagebuch. 1950–1973. Erster Band*, Hrsg. Ursula Ludz u. Ingeborg Nordmann (München / Berlin / Zürich: Piper).

– (2017), *Das Urteilen. Texte zu Kants Politischer Philosophie. Dritter Teil zu ›Vom Leben des Geistes‹*, Hrsg. Ronald Beiner (4. Aufl.; München: Piper).

Aristoteles (2002), *Rhetorik*, Hrsg. Christof Rapp (Werke in deutscher Übersetzung, 4/1; Berlin: Akademie Verlag).

Asmuth, Bernhard (1992), ›Angemessenheit‹, in: Gert Ueding (Hrsg.), *Historisches Wörterbuch der Rhetorik, Bd. 1* (Tübingen: Max Niemeyer), 579–604.

Becker, Ralf (2021), *Qualitätsunterschiede. Kulturphänomenologie als kritische Theorie*, (Hamburg: Meiner).

Bermes, Christian (2016), ›Leben als Form der Praktischen Vernunft‹, in: Oliver Müller u. Thiemo Breyer (Hrsg.), *Funktionen des Lebendigen* (Berlin: De Gruyter), 11–24.

– (2019a), *Wandel der Sprach- und Debattenkultur. Verbindlichkeit – Artikulation – Meinung*, (Berlin: Konrad-Adenauer-Stiftung).

– (2019b), ›Verbindlichkeit. Stärken einer schwachen Normativität‹, in: Michaela Bauks; Christian Bermes; Thomas Schimmer; Jan Schneider u. Marion Steinicke (Hrsg.), *Verbindlichkeit. Stärken einer schwachen Normativität* (Bielefeld: Transcript), 13–28.

– (2020a), ›Wie man Distanz gewinnt‹, in: *Frankfurter Allgemeine Zeitung*, 84 (2020) 08. 04. 2020, N4.

– (2020b), ›Riabilitazione dell'opinione. Mondo della vita e doxa‹, in: Riccardo De Biase u. Giovanni Morrone (Hrsg.), *La filosofia della cultura. Genesi e prospettive* (Neapel: FedOA Press), 227–240.

Blumenberg, Hans (2014), *Beschreibung des Menschen*, Hrsg. Manfred Sommer (Frankfurt a. M.: Suhrkamp).

– (2017), *Die Sorge geht über den Fluß (1. Aufl. 1987)*, (7. Aufl.; Frankfurt a. M.: Suhrkamp).

Bourdieu, Pierre (1993), *Soziologische Fragen*, Übers. Hella Beister und Bernd Schwibs (Frankfurt a. M.: Suhrkamp).

- (2001), *Meditationen. Zur Kritik der scholastischen Vernunft (1. Aufl. 1997 als »Méditations pascaliennes«)*, Übers. Achim Russer (Frankfurt a. M.: Suhrkamp).
- (2014), *Die feinen Unterschiede. Kritik der gesellschaftlichen Urteilskraft (1. Aufl. 1979 als »La distinction. Critique sociale du jugement«)*, Übers. Bernd Schwibs u. Achim Russer (Frankfurt a. M.: Suhrkamp).

Buchheim, Thomas (1986), *Die Sophistik als Avantgarde des normalen Lebens.*, (Hamburg: Meiner).

Buck, Günther (1967), ›Kants Lehre vom Exempel‹, in: *Archiv für Begriffsgeschichte,* 11 (1967), 148–183.

Cavell, Stanley (2016), *Der Anspruch der Vernunft. Wittgenstein, Skeptizismus, Moral und Tragödie*, Übers. Christiana Goldmann (Berlin: Suhrkamp).

Ebert, Theodor (1974), *Meinung und Wissen in der Philosophie Platons. Untersuchungen zum ›Charmides‹, ›Menon‹ und ›Staat‹,* (Berlin / New York: De Gruyter).

Erler, Michael (2019), ›Platon und seine Rhetorik‹, in: Michael Erler u. Christian Tornau (Hrsg.), *Handbuch Antike Rhetorik* (Berlin / Boston: De Gruyter), 315–338.

Erler, Michael u. Tornau, Christian (2019), ›Was ist antike Rhetorik?‹, in: Michael Erler u. Christian Tornau (Hrsg.), *Handbuch Antike Rhetorik* (Berlin / Boston: De Gruyter), 1–16.

Eßbach, Wolfgang; Fischer, Joachim u. Lethen, Helmut (Hrsg.) (2002), *Plessners »Grenzen der Gemeinschaft«. Eine Debatte* (Fankfurt a. M.: Suhrkamp).

Esser, Andrea Marlen (2017), ›Politische Urteilskraft. Zur Aktualität eines traditionellen Begriffs‹, in: *Deutsche Zeitschrift für Philosophie,* 65 (2017), 975–998.

Frankfurt, Harry (2019), *Bullshit*, Übers. Michael Bischoff (Frankfurt a. M.: Suhrkamp).

Gabriel, Gottfried (2013), *Logik und Rhetorik der Erkenntnis. Zum Verhältnis von wissenschaftlicher und ästhetischer Weltauffassung,* (2. Aufl.; Münster: Mentis).

Gabriel, Markus (2020), *Fiktionen*, (Berlin: Suhrkamp).

Gadamer, Hans Georg (1999), *Wahrheit und Methode. Grundzüge einer philosophischen Hermeneutik (1. Aufl. 1960)*, (Gesammelte Werke, I; Tübingen: Mohr Siebeck).

Gehlen, Arnold (1993), *Der Mensch. Seine Natur und seine Stellung in der Welt (1. Aufl. 1940)*, Hrsg. Karl-Siegbert Rehberg (Gesamtausgabe, 3.1; Frankfurt a. M.: Klostermann).
- (2004), ›Erfahrung zweiter Hand‹, in: Karl-Siegbert Rehberg (Hrsg.),

Arnold Gehlen Gesamtausgabe Bd. 6 (Frankfurt a. M.: Klostermann), 204–213.

Gerhardt, Volker (2012), Öffentlichkeit. Die politische Form des Bewusstseins, (München: C.H. Beck).

Grossmann, Andreas (2008), ›Rhetorik und Politik. Zu einer unausgetragenen Kontroverse zwischen Hannah Arendt und Martin Heidegger‹, in: *Philosophisches Jahrbuch*, 115, 114–327.

Habermas, Jürgen (1981), *Theorie des kommunikativen Handelns. Bd. 1: Handlungsrationalität und gesellschaftliche Rationalisierung*, (Frankfurt a. M.: Suhrkamp).

– (1985), *Die neue Unübersichtlichkeit*, (3. Aufl.; Frankfurt a. M.: Suhrkamp).

– (1992), *Faktizität und Geltung. Beiträge zur Diskurstheorie des Rechts und des demokratischen Rechtsstaats*, (2. Aufl.; Frankfurt a. M.: Suhrkamp).

– (Hrsg.), (1990), *Strukturwandel der Öffentlichkeit* (6. Aufl., Frankfurt a. M.: Suhrkamp).

Hampe, Michael (2018), *Die Dritte Aufklärung*, (Berlin: Nicolai).

Hegel, Georg Wilhelm Friedrich (1996), *Vorlesungen über die Geschichte der Philosophie I*, Hrsg. Eva Moldenhauer u. Karl Markus Michel (3. Aufl., Werke, 18; Frankfurt a. M.: Suhrkamp).

Heidegger, Martin (1986), *Sein und Zeit (1. Aufl. 1927)*, (16. Aufl.; Tübingen: Niemeyer).

– (1997), *Vom Wesen der Wahrheit. Zu Platons Höhlengleichnis und Theätet*, Hrsg. Herrmann Mörchen (Gesamtausgabe, 34; Frankfurt a. M.: Klostermann).

– (2002), *Grundbegriffe der aristotelischen Philosophie (1924)*, Hrsg. Mark Michalski (Gesamtausgabe, 18; Frankfurt a. M.: Klostermann).

– (2003), *Holzwege (1. Aufl. 1950)*, Hrsg. Friedrich-Wilhelm von Herrmann (Gesamtausgabe, 5; Frankfurt a. M.: Klostermann).

Heidegger, Martin u. Jaspers, Karl (1992), *Briefwechsel 1920–1963*, Hrsg. Walter Biemel u. Hans Saner (München / Frankfurt a. M.: Piper).

Held, Klaus (1986), ›Die Zweideutigkeit der Doxa und die Verwirklichung des modernen Rechtsstaates‹, in: Johannes Schwartländer u. Dietmar Willoweit (Hrsg.), *Meinungsfreiheit. Grundgedanken und Geschichte in Europa und USA* (Kehl am Rhein / Straßburg: Engel Verlag), 9–30.

Herrmann, Steffen (2019), ›Demokratische Urteilskraft nach Arendt‹, in: *Zeitschrift für Praktische Philosophie*, 6 (2019), 257–288.

Hogrebe, Wolfram (2009), *Riskante Lebensnähe. Die szenische Existenz des Menschen*, (Berlin: Akademie Verlag).

Hohendahl, Peter Uwe (Hrsg.), (2000), Öffentlichkeit. Geschichte eines kritischen Begriffs. Unter Mitarbeit von Russell A. Berman, Karen Kenkel und Arthur Strum (Stuttgart / Weimar: J.B. Metzler).

Hölscher, Lucian (1979), Öffentlichkeit und Geheimnis. Eine begriffsgeschichtliche Untersuchung zur Entstehung der Öffentlichkeit, (Stuttgart: Klett-Cotta).

– (1986), ›Die Wahrheit der öffentlichen Meinung‹, in: Johannes Schwartländer u. Dietmar Willoweit (Hrsg.), *Meinungsfreiheit. Grundgedanken und Geschichte in Europa und USA* (Engel Verlag; Kehl am Rhein / Straßburg), 51–64.

Husserl, Edmund (1963), *Cartesianische Meditationen und Pariser Vorträge (1. Aufl. 1931)*, Hrsg. Stephan Strasser (Husserliana, I; Den Haag: Martinus Nijhoff).

– (1969), *Die Krisis der europäischen Wissenschaften und die transzendentale Phänomenologie. Eine Einleitung in die phänomenologische Philosophie (1. Aufl. 1936)*, Hrsg. Walter Biemel (Husserliana, VI; Den Haag: Martinus Nijhoff).

– (1985), *Erfahrung und Urteil. Untersuchungen zur Genealogie der Logik*, Hrsg. Ludwig Landgrebe (6. Aufl.; Hamburg: Meiner).

– (1987), *Aufsätze und Vorträge (1911–1921)*, Hrsg. Thomas Nenon u. Hans Rainer Sepp (Husserliana, XXV; Den Haag: Martinus Nijhoff).

– (1995), *Ideen zu einer reinen Phänomenologie und phänomenologischen Philosophie. Erster Halbband. Allgemeine Einführung in die reine Phänomenologie (1. Aufl. 1913)*, Hrsg. Karl Schuhmann (Husserliana, III/1; Dordrecht / Boston / London: Kluwer Academic Publisher).

Kaeser, Eduard (2016), ›Das postfaktische Zeitalter‹, in: *Neue Zürcher Zeitung*, 194 (237) 22.08.2016, 8.

Kant, Immanuel (1968a), *Grundlegung zur Metaphysik der Sitten (1. Aufl. 1785)*, (Akademie-Ausgabe IV; Berlin: Walter de Gruyter).

– (1968b), *Kritik der Urteilskraft (1. Aufl.1790)*, (Akademie-Ausgabe V; Berlin: Walter de Gruyter).

– (1998), *Kritik der reinen Vernunft (1. Aufl. 1781, 2. Aufl. 1787)*, Hrsg. Jens Timmermann (Hamburg: Meiner).

Konersmann, Ralf (2006), *Kulturelle Tatsachen*, (Frankfurt a. M.: Suhrkamp).

– (2010), ›Metapher‹, in: Christian Bermes; Ulrich Dierse u. Michael Erler (Hrsg.), *Schlüsselbegriffe der Philosophie des 20. Jahrhunderts* (Hamburg: Meiner), 267–279.

Kopperschmidt, Josef (Hrsg.), (2009), *Heidegger über Rhetorik* (München: Fink).

Kuhn, Christina (Hrsg.), (2012), *Politische Kommunikation und öffentliche Meinung in der antiken Welt* (Stuttgart: Franz Steiner).

Lembcke, Oliver W. (2012), ›Entschiedene Unentscheidbarkeit. Varianten dezisionistischer Demokratietheorie‹, in: Oliver W. Lembcke; Claudia Ritzi u. Gary S. Schaal (Hrsg.), *Zeitgenössische Demokratietheorie. Bd. 1: Normative Demokratietheorien* (Wiesbaden: Springer VS), 317–353.

Lichtenberg, Georg Christoph (1994), *Sudelbücher II*, Hrsg. Wolfgang Promies (Schriften und Briefe; Frankfurt a. M.: Zweitausendeins / Hanser).

Lipps, Hans (1977), ›Beispiel, Exempel, Fall und das Verhältnis des Rechtsfalles zum Gesetz‹, in: Evamaria von Busse (Hrsg.), *Lipps: Die Verbindlichkeit der Sprache. Werke IV* (Frankfurt a. M.: Klostermann), 39–65.

Luhmann, Niklas (1974), ›Öffentliche Meinung‹, in: Wolfgang R. Langenbucher (Hrsg.), *Zur Theorie der politischen Kommunikation* (München: R. Piper & Co), 27–54.

– (2000), *Die Politik der Gesellschaft*, Hrsg. André Kieserling (Frankfurt a. M.: Suhrkamp).

Neidhardt, Friedhelm (Hrsg.), (1994), Öffentlichkeit, öffentliche Meinung, soziale Bewegung (Sonderheft 34 der Zeitschrift für Soziologie und Sozialpsychologie) (Opladen: Westdeutscher Verlag).

Nida-Rümelin, Julian (2020), *Die gefährdete Rationalität der Demokratie. Ein politischer Traktat*, (Hamburg: Edition Körber).

Nietzsche, Friedrich (1988a), *Nachgelassene Fragmente 1880–1882*, Hrsg. Giorgio Colli und Mazzino Montinari (Kritische Studienausgabe, 9; Berlin/New York: De Gruyter).

– (1988b), *Jenseits von Gut und Böse (1. Aufl. 1886)*, Hrsg. Giogio Colli u. Mazzino Montinari (Kritische Studienausgabe, 5; Berlin / New York: De Gruyter).

– (1999), *Menschliches, Allzumenschliches. I und II (1. Aufl. 1878, 2. Aufl. 1886)*, Hrsg. Giogio Colli u. Mazzino Montinari (Kritische Studienausgabe, 2; Berlin / New York: De Gruyter).

Oesterreich, Peter L. (2015), ›Credibilität. Einige Thesen zur Rhetorik, Religion und Wissenschaft‹, in: *Rhetorik. Ein internationales Jahrbuch,* 34, 1–11.

Orth, Ernst Wolfgang (1999), *Edmund Husserls ›Krisis der europäischen Wissenschaften und die transzendentale Phänomenologie‹. Vernunft und Kultur*, (Darmstadt: Wissenschaftliche Buchgesellschaft).

– (2000), *Was ist und was heißt ›Kultur‹? Dimensionen der Kultur und der Medialität der menschlichen Orientierung*, (Würzburg: Königshausen & Neumann).

Parnack, Charlotte (2019), ›Die Schreispirale‹, in: *Die Zeit*, 44 (2019) 24. 10. 2019, 1.

Perelman, Chaim u. Olbrechts-Tyteca, Lucie (2004), *Die neue Rhetorik. Eine Abhandlung über das Argumentieren. 2 Bände Traité de l'argumentation. La nouvelle rhétorique*. Presses Universitaires de France Paris 1958, Hrsg. Josef Kopperschmidt, Übers. Freyer R. Varwig (Stuttgart Bad Cannstatt: Frommann-Holzboog).

Plessner, Helmuth (1981a), *Die Stufen des Organischen und der Mensch. Einleitung in die philosophische Anthropologie (1. Aufl. 1928)*, Hrsg. Günter Dux; Odo Marquard u. Elisabeth Ströker (Gesammelte Schriften IV; Frankfurt a. M.: Suhrkamp).

– (1981b), *Grenzen der Gemeinschaft. Eine Kritik des sozialen Radikalismus (1. Aufl. 1924)*, Hrsg. Günter Dux; Odo Marquard u. Elisabeth Ströker (Gesammelte Schriften V; Frankfurt/M.: Suhrkamp).

– (1983a), ›Zur Frage der Vergleichbarkeit tierischen und menschlichen Verhaltens‹, in: Günter Dux; Odo Marquard u. Elisabeth Ströker (Hrsg.), *Conditio humana* (Gesammelte Schrifte VIII; Frankfurt a. M. 1983: Suhrkamp), 284–306.

– (1983b), ›Die Frage nach der Conditio humana‹, in: Günter Dux; Odo Marquard u. Eilsabeth Ströker (Hrsg.), *Conditio humana* (Gesammelte Schriften VIII; Frankfurt a. M. 1983: Suhrkamp), 136–217.

Pörksen, Bernhard (2018), *Die große Gereiztheit. Wege aus der kollegiven Erregung*, (München: Carl Hanser).

Putnam, Hilary (1997), *Für eine Erneuerung der Philosophie*, (Stuttgart: Reclam).

Rapp, Christoph (2019), ›Der Streit zwischen Rhetorik und Philosophie: Aristoteles‹, in: Michael Erler u. Christian Tornau (Hrsg.), *Handbuch Antike Rhetorik* (Berlin / Boston: De Gruyter), 339–361.

Recki, Birgit (2013), ›Stil im Handeln oder die Aufgaben der Urteilskraft‹, in: Hans Friesen u. Markus Wolf (Hrsg.), *Kunst. Ästhetik. Philosophie. Im Spannungsfeld der Disziplinen* (Münster: Mentis), 221–244.

Robling, Franz-Hubert (2020), *Rhetorische Ethik*, (Hamburg: Meiner).

Rott, Hans (2003), ›Wittgensteins ›Meinung‹‹, in: Roland Bluhm u. Christian Nimtz (Hrsg.), *Ausgewählte Beiträge zu den Sektionen der GAP. 5. Internationaler Kongress der Gesellschaft für Analytische Philosophie. September 2003* (Paderborn: Mentis), 356–369.

Sarcinelli, Ulrich (2019), ›Öffentliche Meinung‹, in: Uwe Andersen; Jörg Bogumil; StefanMarschall u. Wichard Woyke (Hrsg.), *Handwörterbuch des politischen Systems der Bundesrepublik Deutschland* (8. Aufl.; Wiesbaden: Springer VS), 680–689.

Schaub, Mirjam (2010), *Das Singuläre und das Exemplarische. Zu Logik und Praxis der Beispiele in Philosophie und Ästhetik*, (Zürich: Diaphanes).

Scheler, Max (1995), ›Die Stellung des Menschen im Kosmos‹, in: Manfred S. Frings (Hrsg.), *Späte Schriften* (Gesammelte Werke 9; Bonn: Bouvier), 7–71.

Schiewe, Jürgen (2004), Öffentlichkeit. Entstehung und Wandel in Deutschland, (Paderborn/München/Wien/Zürich: Ferdinand Schöningh).

– (Hrsg.), (2016), *Angemessenheit. Einsichten in Sprachgebräuche (Valerio 18/2016)* (Göttingen: Wallstein).

Schmitt, Carl (2017), *Die geistesgeschichtliche Lage des heutigen Parlamentarismus (1. Aufl. 1923)*, (10. Aufl.; Berlin: Duncker & Humblot).

Schneider, Johannes (1932), *Doxa. Eine bedeutungsgeschichtliche Studie*, (Gütersloh: C. Bertelsmann).

Schulte, Joachim (1990), *Chor und Gesetz. Wittgenstein im Kontext*, (Frankfurt a. M.: Suhrkamp).

Schwartländer, Johannes u. Willoweit, Dietmar (Hrsg.) (1986), *Meinungsfreiheit. Grundgedanken und Geschichte in Europa und USA* (Kehl am Rhein / Straßburg: N.P. Engel).

Schweiger, Wolfgang (2017), *Der (des)informierte Bürger im Netz. Wie soziale Medien die Meinungsbildung verändern*, (Wiesbaden: Springer VS).

Sloterdijk, Peter (2004), *Sphären. Bd. III: Schäume*, (Frankfurt a. M.: Suhrkamp).

Summa, Michela u. Mertens, Karl (Hrsg.) (2021), *Exemplarity: A Pattern of Thought for Aesthetic Cognition* (Discipline Filosofiche 2021 (XXXI), Bologna / Macerata: Quodlibet).

Tönnies, Ferdinand (1923), ›Macht und Wert der öffentlichen Meinung‹, in: *Die Dioskuren. Jahrbuch für Geisteswissenschaften*, 2 (1923), 72–99.

– (2002), *Kritik der öffentlichen Meinung (1. Aufl. 1922)*, Hrsg. Alexander Deichsel; Rolf Fechner u. Rainer Waßner (Gesamtausgabe, 14; Berlin /New York: Walter de Gruyter).

Trawny, Peter (2006), ›Verstehen und Urteilen. Hannah Arendts Interpretation der Kantischen ›Urteilskraft‹ als politisch-ethische Hermeneutik‹, in: *Zeitschrift für philosophische Forschung*, 60 (2006), 269–289.

Tremmel, Jörg (2014), ›Parlamente und künftige Generationen. Das 4-Gewalten-Modell‹, in: *Aus Politik und Zeitgeschichte*, 64/38–39 (2014), 38–45.

Vollrath, Ernst (1992), ›Handeln und Urteilen. Zur Problematik von Hannah Arendts Lektüre von Kants ›Kritik der Urteilskraft‹ unter einer politischen Perspektive‹, in: *Filosofski Vestnik* 2 (1992) (Zur Aktualität Kants / L'actualitè de Kant / The Actuality of Kant), 183–203.

Willer, Stefan (2004), ›Was ist ein Beispiel? Versuch über das Exemplarische‹, in: Gisela Ferhmann; Erika Linz; Eckhard Schumacher u.

Brigitte Weingart (Hrsg.), *Originalkopie. Praktiken des Sekundären* (Köln: DuMont), 51–65.

Wittgenstein, Ludwig (2006), ›Philosophische Untersuchungen‹, in: G. E. M. Anscombe u. Rush Rhees (Hrsg.), *Tractatus logico-philoso-phicus, Tagebücher 1914–1916, Philosophische Untersuchungen* (Werkausgabe Bd. 1; Frankfurt a. M.: Suhrkamp), 225–485.

– (2008a), ›Das Blaue Buch‹, in: Rush Rhees (Hrsg.), *Das Blaue Buch. Eine Philosphische Betrachtung (Das Braune Buch)* (Werkausgabe Bd. 5; Frankfurt a. M.: Suhrkamp), 15–116.

– (2008b), ›Zettel‹, in: G. E. M. Anscombe u. G. H. von Wright (Hrsg.), Über Gewissheit (Werkausgabe Bd. 8; Frankfurt a. M.: Suhrkamp).

– (2008c), ›Über Gewißheit‹, in: G. E. M. Anscombe u. G. H. von Wright (Hrsg.), Über Gewißheit (Werkausgabe Bd. 8; Frankfurt a. M.: Suhrkamp), 113–257.